渋沢栄一は漢学とどう関わったか

「論語と算盤」が出会う東アジアの近代

渋沢栄一と「フィランソロピー」 1

［責任編集］
見城悌治／飯森明子／井上 潤

町泉寿郎［編著］

Shibusawa Eiichi and "Philanthropy"

ミネルヴァ書房

シリーズ出版『渋沢栄一と「フィランソロピー」』（全八巻）刊行にあたって

渋沢栄一（一八四〇〜一九三一）は、近代日本を代表する実業家としてよく知られている。そのため、経営史・経済史の側面からの研究はきわめて多く、渋沢の企業者活動の総合的分析がまとめられるに至っている。しかしながら、渋沢が六〇〇にも及ぶ公益慈善事業（団体）にも多大な貢献をしてきたことは、あまり知られていない。そうしたなか、東京養育院を中心とした社会福祉、現在の一橋大学などを事例とした商業教育の高等化・人材の育成、太平洋問題調査会（ＩＰＲ）を通した民間外交、明治神宮建立などから見る文化事業などをめぐる個別事例研究はおこなわれているが、渋沢の「フィランソロピー」活動の全体像は把握されていない。

そこで、多方面にわたる渋沢の「フィランソロピー」活動を、八つの視点から多角的に分析し、渋沢の思想を重層的に考察する本シリーズを発刊することとする。その際、その背景にあった論語、漢学の果たした役割の再検討、渋沢の「公」、「国」、「民」、「私」に対する認識の再考も併せて果たしていきたい。

本来、フィランソロピーは、人類愛にもとづく、個人や団体の慈善活動、奉仕活動など、自発的で利他的な活動を意味する。またこれは、アメリカでよく使われる言葉で、イギリスの場合はチャリティと呼ばれることが多い。しかし、日本社会にもこのような慈善・奉仕活動は存在した。そこで、本シリーズではキリスト教との繋がりが深いフィランソロピーとは区別する概念として明示するため、「フィランソロピー」と「」（カギ括弧）を付けて表記する。

ところで、渋沢栄一の「フィランソロピー」に関する考え方は、アメリカからの影響が強い。彼は二〇世紀初頭に四回訪問したアメリカが、日本の将来に最も大きな影響を与えると直感した。ヨーロッパや東アジアには見られない底知れぬ若い力、多種多様な伝統や慣習を持つ移民がいかにしてアメリカ社会に溶け込み、経済社会を急速に発展させている理由をビジネスだけでなく、政治、外交、文化、教育、思想、宗教など多方面に求めようとした。とりわけ渋沢は、アメリカの実業家が、各地で公益事業に莫大な資金を投入していることに瞠目した。政府や地方自治体の手が及ばない公益事業を民間実業家が率先して行い、それが地域社会の経済・文化の振興や人材育成に大きな成果を上げていることに強い関心を示したのである。渋沢は、明治以降急速に導入されていった欧米の文明・文化と、儒教、神道、仏教などの旧来の文化とをどのように調和させるかを課題の一つと考えていた。アメリカのフィランソロピーの理念や活動についても、渋沢は欧米と日本の共通性と相違点に留意しながら慎重に公益事業を進めていったのである。

本シリーズで八つの視点から取り上げる諸テーマは、近代日本の創造に大きな足跡を残した渋沢栄一に対する理解をより深化させるだけでなく、幕末から昭和初期まで駆け抜けた渋沢の九一年の生涯を通じて、歴史の連続性と断絶性を再認識することができるだろう。このシリーズが、二一世紀の日本と世界が直面する課題解決のための助けとなることができれば幸いである。

二〇一六年一二月

責任編集者

見城悌治・飯森明子・井上　潤

はしがき

本書は、二〇一四年から開始された公益財団法人渋沢栄一記念財団の研究プロジェクト「二松学舎と渋沢栄一」(プロジェクトリーダー町泉寿郎)の二年間の研究成果をまとめたものである。同財団の木村昌人主幹(研究部)の実質上の牽引の下でこの間に数回の研究会を開催し、各執筆者が報告を行い、議論を重ねた。また二〇一五年五月の第七回東アジア文化交渉学会(神奈川県開成町)のパネルセッションおよび同年九月の「備中倉敷学100回記念シンポジウム」(岡山県倉敷市)で、本書の執筆者が報告し、多くの研究者からコメントいただいた。心からお礼申し上げたい。

創刊の辞に記すとおり、本シリーズの趣旨は、近世・近代の二世を主として民間の経済人として生きた渋沢栄一の非実業的活動を通して、近代日本における東洋と西洋の問題を具体的かつ多角的に再考し整理することにある。シリーズ第一冊として、『渋沢栄一は漢学とどう関わったか――「論語と算盤」が出会う東アジアの近代』を刊行するにあたり、まずは必ずしも一定しない「漢学」の語義について一言したい。本書では「漢学」を「漢字文化圏の伝統学術の総称」くらいの意味で使用している。本書の主人公である渋沢栄一と三島中洲が生を享けた江戸時代後期の日本では、「漢学」は国学・蘭学に対する言葉として、漢字・漢文による学術文化の呼称として使用された。本書の語義はこれに近い。

一方、中国古典学の分野で言うところの「漢学」は宋明性理学に対する漢唐訓詁学を意味する呼称であるが、日本では前記の「漢学」の語義を反映して、日本で行われた過去の中国研究に対する「日本漢学」の呼称も以前からある。それをうけて、近年中国でも「国際漢学」「世界漢学」といったchinese studiesの意味での「漢学」研究が盛んであり、「漢学」の範囲が急速に拡大しつつある。

「東アジアの近代化」と「漢学」の関係については、序章にも述べるように、日本および中国・韓国など東アジア諸地域の近代化過程は、欧米に範をとる改変を基調としつつも、併行して一見凋落していったかに見える「漢学」等の伝統的学術文化を再編しながら進行した。現在にまでおよぶその近代化路線は、日本がその牽引役を果たした?としても、またそれが東アジアに大きな成果をもたらしたとしても、一方で我々がいくつもの挫折を経験したことも疑いない事実である。そこで、近代化にともなう伝統的学術文化をめぐる問題を、国家や政策そのものではなく、それと不即不離の関係にあった渋沢や三島を通して、また日本だけでなく中国・韓国等からの視点を導入して、多角的に考えてみようと考えたのである。

本書の試みがどれほど成功したかは読者に委ねるしかないが、この出版により「近代の漢学」に関する新しい知見を加えることができれば、また今まであまりなじみのなかった方々が漢学や儒教に対して少しでも関心を持ってくだされば望外の喜びである。

なお本書の出版にあたり、公益財団法人渋沢栄一記念財団より出版助成をいただいた。執筆者を代表して、ここに記してお礼を申し上げたい。

二〇一六年一二月

町　泉寿郎

渋沢栄一は漢学とどう関わったか

――「論語と算盤」が出会う東アジアの近代　目次

第Ⅱ部　渋沢栄一の教育支援

序章 『論語と算盤』が結んだ実業家と二松学舎

木村　昌人・町　泉寿郎

一 漢学は近代化の阻害要因か

本書は、渋沢栄一という近代日本経済社会を創造した人物と、二松学舎の創設者で優れた漢学者として知られた三島中洲との緊密な関係に注目し、近代日本社会の発展において漢学が果たした役割を再考するものである。

一般的には、近代日本社会の発展は、西洋の政治、経済、社会思想が大きな影響を及ぼしたことが強調され、漢学の果たした役割については儒教思想とともにどちらかというと近代化の阻害要因として過小評価されてきた。確かに殖産興業にかかわった政治家、官僚と実業家の多くは、幕末から明治期に、欧米の経済思想や最新技術を学び、日本に導入することに積極的であった。たとえば啓蒙思想家、実業家であった福沢諭吉は、儒教社会では人々は進取の気性に乏しく近代化が進まないと考え、彼自身は十分な漢学の素養を持ちながらも漢学を離れ、大坂で蘭方医緒方洪庵に師事し蘭学を学んだ。さらに福沢は、開港直後の横浜を訪れ、世界の通商貿易の世界での英語の重要性にいち早く気づき、英学へと転じた。福沢は欧米体験と英書購読を通じて、西洋文明の導入と実業奨励を重視し、英米の功利主義の基づく経済自由主義を唱えた。また近代化に必要な人材を養成するために、慶應義塾を創立し、独立自尊をモットーとし、英学を基盤とする実学を奨励した。福沢から強い影響を受けた慶應人脈は西洋的な経営手法を取り入れ、近代産業の育成に貢献した。中でも岩崎弥太郎（一八三四〜一八八五）は、弟の弥之助と子息の久弥を米国の大学へ、甥の小弥太を英国の大学へそれぞれ留学させ、三人は英米の経済思想や経営手法を学び、帰国後は海運、鉱山、造船、銀行の経営に携わり、強大な三菱財閥を築きあげた。

しかしながらこうした事例だけで、江戸時代を通じて全国各地に普及し、それによって論理的な思考方法や価値体系を育んだ漢学の果たした役割まで低く評価してしまってよいものであろうか。これが本書の執筆者全員が共有する問題意識である。そもそも岩崎弥太郎はじめ、益田孝、安田善次郎、渋沢栄一、五代友厚など明治前期に活躍した実業家の多くは、幼少期から青年期にかけて授かった漢学教育により思考方法を鍛えられ、儒教的価値観を身につけていた。だからこそ近代日本が殖産興業を進めるにあたり、士族に限らず有能な人材を商工業に従事させるためには、「商工業は、儒教の教えによれば身分の低いものが従事する賤しい職業である」といった江戸時代以来の通念を払拭しなければならなかったのである。この困難な課題に挑戦したのが渋沢栄一であった。

一八四〇年（天保一一）、武蔵国血洗島（現在の埼玉県深谷市）に生まれた渋沢は、幼少期から学んだ『論語』を一生の思想の基盤とした。渋沢は、徳と豊かさが共存する近代社会を実現するための指針として、『論語』を生涯をかけて熟読した。渋沢の解釈に従えば、儒教思想のダイナミズムは、多種多様な人々を組織化し起業するときに適用でき、「合本主義」の基本的な理念と考えられた。また彼は、漢学者三島中洲の「義利合一論」の影響や自らの幅広い経験から、殖産興業によって富を得て国家社会を豊かにすることは、徳のある社会の創造に不可欠であると確信するようになった。一八六七〜六八年（慶応三〜四）、フランスに滞在した渋沢は、欧米の民主主義や資本主義を基盤とする経済社会の思想と仕組みを学んだ。帰国後、銀行を中心とする商工業の制度や技術を日本に導入するとともに、諸外国の財界人とのネットワークを活かして、企業家の経営倫理、社会事業への支援、国際協調の推進に尽力した。九一年に及ぶ長い人生を通じて様々な宗教や思想に関心を持ったが、渋沢の行動規範となっていたのは常に『論語』であり、儒教本来の「経世済民」の思想によって支えられていたのである。

渋沢の道徳経済合一説に関しては、彼が主張していた当時からその内容について数多くの研究がなされてきたが、その多くは『論語と算盤』の解釈や渋沢の考えを聞いてその命名にヒントを与えたといわれる三島中洲の義理合一論の影響を指摘するに止まっていた。本書では、まさしく『論語と算盤』が結んだ実業家渋沢栄一と漢学者三島中洲の関係を再考することを軸に、栄一と漢学との関係を多角的について考察する。

二　渋沢栄一の思想

そもそも渋沢や三島中洲の「義と利の一致」や「道徳と経済の一致」という主張の根拠となる論語解釈は、当時の日本を含む東アジアの儒教圏、および日中韓における儒教研究の中ではどのように位置づけられるのであろうか。また渋沢の考えは当時の学会や社会でどの程度受容されていたのであろうか。第一部はこうした疑問について渋沢自身の思想や活動について従来とは異なる視点から分析を試みる。

第一章では濱野が、栄一の歴史観が頼山陽の『日本外史』からの強い影響を受けていることを指摘し、その事例として、渋沢が松平定信に高い評価を与えていることを採り上げている。八代将軍徳川吉宗の孫にあたる定信は、白河藩主時代の善政を認められ、田沼意次失脚後、老中首座に就任し、寛政の改革を断行した。定信に渋沢が関心を持ち尊敬の念を抱いた理由については、定信が儒学、特に論語を深く学び統治に生かしたことや、江戸町会所や七分積金により、町民に江戸の自治を行わせていたことに感銘を受けたためという。渋沢は定信への尊敬の念から、『楽翁公伝』の編纂事業を主宰し刊行させたほどであった。濱野は栄一の青少年期に受けた漢学教育に焦点をあて、渋沢が青年期から老年期に至るまで一貫して、頼山陽の著述による歴史観をあまり変えずに持ち続けたのではないかと論じている。

第二章では、渋沢の論語研究の集大成というべき『論語講義』を近代論語研究の中でどう位置づけるかという大きなテーマに桐原が取り組む。渋沢の『論語講義』は、彼が三島中洲に請われて就任した二松学舎の舎長時代に、同校出版会から刊行した。その内容は、渋沢が口述したものを二松学舎の尾立維孝がまとめたものである。こうした点を考慮し、その内容を吟味したうえで、桐原は近世から近代への文化史的な流れの中で『論語講義』の評価を行っている。つまり儒学が漢学へ移行し、明治期に国民道徳論、修養論してどのような役割を果たし、新たなナショナリティの形成につながっていたかという文脈の中でとらえるのである。桐原は『論語講義』の刊行を、渋沢論語の集大成といった学術書としてよりは、近代日本におけるあらたなビジネス書の古典の誕生とみている。

第三章では、近代の「孔教論」すなわち近代中国において孔子や儒教がどのように認識されてきたかについて、于が渋沢との比較をしながら論じる。まず辛亥革命（一九一一年）以降、五四運動を経て新中国が成立（一九四九年）するまでの時期について概観し、次に儒教批判が強い中でその意義を説いた中最後の儒者といわれる梁漱溟（一八九三～一九八八）と渋沢を比較する。比較のポイントは儒教の日本化についてである。つまり日本が中国から受け入れたものは日本化される傾向があるが、儒教についてもそれは当てはまるかどうかという問題を、渋沢の『論語と算盤』を採り上げて論じる。于は梁と渋沢の主張の共通点と相違点を、儒教の宗教性、人生論、商工業立国論などについて比較分析し、解明している。

三　渋沢栄一の教育支援

第二部では、渋沢栄一の漢学教育を含むより広い教育支援活動について分析する。周知のように近代日本は、東アジアの儒教圏を形成する中国と韓国とは様々な面で深い関係を有していた。明治初年から日本の貿易相手国として韓国を重要視していた渋沢は第一銀行の進出や鉄道敷設を通じて、朝鮮半島の経済社会のインフラ整備に乗り出した。第四章では、韓国における渋沢研究をめぐって、従来の「植民地の収奪者」の側面ばかりでなく、近年は別の側面が注目されていることを朴が紹介している。まず渋沢と『論語』についての研究を紹介する。つぎに韓国側の記録から、朝鮮修信使団訪日時の渋沢との交流（一八八〇年）、一八九八年の第一銀行頭取として訪韓と義捐金寄贈、「朝鮮協会」、朝鮮における渋沢青淵翁記念碑建設会など、具体的事例をめぐって韓国側の渋沢に対する見方を分析している。最後に、朝鮮儒学には義と利の合一という考えはなく、儒教的な企業家という発想はほとんどなかったが、最近、コーポレート・ガバナンスや企業の社会的責任が重視される中で、道徳経済合一という渋沢の経営哲学に関心が高まっていることに触れている。

第五章では見城が、日中関係に深くかかわりながら、従来あまり研究されていなかった辛亥革命期から大正時代の留日中国人学生に対する渋沢の支援を採り上げる。一八八〇年に近代日本がアジア留学生として朝鮮からの学生を初めて受け入れたが、その後は中国人留学生が多数を占めるようになった。一九一一年に「支那留学生同情会」が設立され、三井物産、日清汽船、三菱合資会社など日中貿易にかかわる企業の経済人が中心となって中国人留学生を支援した。一九一八年には渋沢や内藤久寛が日華学会を設立し、留学生の福利厚生を提供することにより、留学生の待遇改善を図り、日本に対する不満を和らげつつ、良好な日中関係を築くための人材育成に尽力した。二一か条要求を皮切りとする日本陸軍の中国介入によって、日中関係がぎくしゃくする中、渋沢は中国人留学生や教育関係者との交流を通じて、日中交流を徳を以て進めなければならないとその思いを語った。日中関係は満州事変以降悪化をたどり、渋沢の死後数年で戦争状態に突入したが、『日華学会会報』に掲載された渋沢を追悼記事などから、日中関係における渋沢や日華学会の存在にについて新たな意味を附与している。

渋沢は人材育成に力を注いだが、その分野は商業、漢学にとどまらず、女子教育にも及んだ。儒教では女子教育をどのようにとらえたのであろうか。また渋沢は女子教育に対してどのような考えを持ち、支援したのであろうか。第六章では任が、渋沢の女性観や女子教育観がその長い一生のなかでどのように変化していったかを、五つの時期に分けて考察している。すなわち、渋沢の女性観が、「女大学」式女性観から「和魂洋才」式女性観を経て、「国民」式女性観へと変化したと分析している。渋沢の女性観は、しかし良妻賢母から「女子を人として、婦人として、国民として教育する」という女性観へ変化したといっても、「夫を助ける妻、子女を正しく教育できる母」を理想とする儒教的女性観は一貫して変わらなかったと指摘する。これも近世から近代への連続性を示す一例といえよう。

四　渋沢栄一と近代漢学

第三部では、渋沢が特に関係の深かった漢学関係の組織として、漢学塾二松学舎と湯島聖堂斯文会を採り上げてその関与を具体化し、渋沢の儒教普及活動を分析する。第七章では町が、渋沢と三島中洲の関係、二松学舎の漢学教育、三島の義利合一論と陽明学について論じる。まず三島と渋沢の出会いから説き起こし、渋沢が三島の懇請をうけて二松学舎の運営にかかわるようになった経緯を明らかにする。次に日本の教育現場で西洋の学問や国語が勢いを増す中で、渋沢がどのように漢学の置かれている状況を改善しようとしたのか、また二松学舎の後継者問題や専門学校への昇格問題などに際して渋沢が学校経営者の立場からどのように対処したのかを明らかにする。(1) さらに、朱子学と並んで同時代の日本人の思想に影響を与えた陽明学について、幕末に備中松山で活躍した山田方谷、その弟子の三島中洲、中洲の跡を継いで二松学舎の教育をになった山田準の三人に焦点を当て、陽明学が二松学舎でどのように継承されたのかを論じる。こうした分析から幕末の儒学における備中松山の位置づけと渋沢の備中人脈を浮き彫りにした。

第八章では丁が、湯島聖堂の保存や孔子祭の復活に渋沢が熱心に取り組んだことに注目し、さらに二松学舎関係者の儒教復興と漢文普及活動について分析する。湯島聖堂は江戸時代の儒学の殿堂、前近代の遺産ともいうべき施設であった。荒廃するに任せていた聖堂で、一九〇七年に聖堂保存会が発足すると、渋沢はこれに参加し、嘉納治五郎や谷干城ら二松学舎に関係の深い人物とも協議して、孔子祭典会を作って孔子祭を復活した。一九一八年には孔子祭典会や漢文や儒教に関係する諸団体を合併して儒教復興のために財団法人斯文会を設立し、三島と渋沢は斯文会の顧問となってその活動を支えた。のちに顧問には芳川顕正、清浦奎吾、金子堅太郎、末松謙澄、阪谷芳郎などそうそうたる顔ぶれが入った。金子は渋沢の死後、二松学舎の舎長になり、阪谷も二松義会の理事を長年務めていた。このように三島と渋沢は二松学舎の人脈を駆使しながら、儒教や漢学の復興に尽力したことを明らかにした。

註

(1)　この時期の渋沢の行動に関しては資料の制約がある。例えば、渋沢が中心となり文部省に対して中学校教育における漢文科廃止に反対する運動を展開したが、文部省関係資料は、関東大震災のため消失して現存していない。明治後期から大正期にかけて、渋沢は、二松学舎以外でも、仲裁調停者として、大学昇格をめぐる文部省と東京高等商業学校の対立、いわゆる辛酉（しんゆう）事件（一九〇九年）や、大隈重信没後の早稲田大学の内部対立を解決したことが注目されている。これらの事例と二松学舎の後継者問題への対応を比較分析することも、資料的制約はあるが、渋沢の教育支援を考える上では重要と思われるので、今後の研究が期待される。

第Ⅰ部　渋沢栄一の思想

第一章　「悲憤慷慨」の人、渋沢栄一

——「頼山陽」と武士のエートス——

濱野靖一郎

一　江戸期の渋沢

渋沢栄一が手がけた数多くの事業の中に、『徳川慶喜公伝』『楽翁公伝』の伝記編纂がある。本章は、何故こうした事業に渋沢が入れ込んだのか、という疑問に端を発している。言い換えれば、渋沢の江戸時代への認識はどのようなものなのか、という問題意識である。

渋沢は一八四〇年（天保一一）に生まれ、明治維新（一八六八年）を二八歳で迎えている。つまり、渋沢にとって江戸時代とは、既にできあがった見識を持って生きた時代であった。激動の時代故、明治以降に経験から改めた認識もあるだろう。とはいえ、それも二八年間で渋沢が学んだものが前提にある。本章が着目するのは、渋沢の江戸時代に於ける意識の変遷である。

問題はその材料である。渋沢には自伝・回顧録は数多く、そこで若き日の自分の考えも吐露している。ただし、それはあくまで功成り名遂げた老人の言葉であり、若い頃本当にそう考えていたかは、留保が必要である。回顧談で自分の記憶を改竄するのは、意識的であれ無意識であれ、免れ得ない。とはいえ、江戸時代に書かれた書簡だけで渋沢の意識を再構成するのは困難である。そもそも人は、自分が何を考えているかを逐一冷静に把握しながら行動するだろうか（とりわけ、渋沢はテロを計画した時期さえあるのだから）。むしろ、そうした状況から離れて初めて、自分の考えを冷静に整理できる。それ故、本章は渋沢の演説・談話等の、明治以降に語ったものを中心に再構成する。

江戸時代の渋沢は、倒幕の志士から一橋慶喜の家臣、そして幕臣になるという、極端な転身をしている。この変化の中で何を継続し、何が改められた認識なのか。そして、そこから明治維新以降どう変わっていったのか。『徳川慶喜公伝』編纂の意図が、旧主慶喜の悪評の払拭という変わらぬ忠誠心にあるのは、渋沢自身が述べている。松平定信に関心を持ったのは、東京府養育院設立にあたり資金となった共有金が、定信が定めた七分金積立によると知ったからだ、とこれも渋沢が語っている。

先行研究でもこの点には触れており、これ自体に問題があるわけではない。しかし、それですませてしまうには定信への言及はあまりにも多く、また、その理想化は驚く程である。定信が事実それだけの名君だったとしても、何故その顕彰がこの時期に行われなければならなかったのか。その説明として足るものとは言い難い[1]。本章は先ず、渋沢がなぜ倒幕の志士となったのか、を検討する。そこに、渋沢を終生規定したと思われる世界観が形成されていたからである。

二　悲憤慷慨の士――「武士」への憧れ

渋沢は己の若き日を振り返り、「慷慨」の人だった、と自己規定している[2]。『青淵百話』「四十一立志の工夫」で、「余は十七歳の時武士になり度い」と思ったと回想する。人間以下の扱いの実業家と、知能が無くても社会の上位を占める武士を比べ、癪に障って何が何でも武士にならなくては駄目だと考えた、からであった。実業家という言葉も含め、明治以降になってからの記憶の改竄は少々伺える。しかし、注意すべきはこれに続けた言葉である。

其の頃余は少しく漢学を修めて居たのであつたが、日本外史などを読むにつけ、政権が朝廷から武門に移った径路を審かにする様になってからは、其処に慷慨の気といふやうな分子も生じて、百姓町人として一生を終るのが如何にも情なく感ぜられ、愈々武士にならうといふ念を一層強めた。

『日本外史』（以下、『外史』）が自分を「慷慨」の人にした、と振り返っている。そして、この述懐だけではなく、渋沢が若き日を語る際、『外史』の影響は繰り返し語られる。『竜門雑誌』「米寿を迎へて」（昭和二年二月）では、

十七八歳の頃から一つの考へを有つて居りました。それは当時存在した甚だしい階級的差別が宜しくない。之は是非廃せねばならぬ。それには封建制度を打破し、日本の国風を改革しなければならない。これが国民の一員としての為さねばならぬ義務であると云ふのでありました。これは私が日本外史などに刺激せられた為めでありませう。

と、封建制度（！）の否定の原因が『外史』であった、とまで言うのである。もちろん、山陽にとって封建とは「郡県封建」としての封建であって、feudalism の訳語としての「封建」ではない。[3] とはいえ、渋沢はここで自分の行動を否定的に語っていない。それどころか、昭和二年という時代に『外史』を階級否定・封建打破という文脈で語っている。渋沢にとって山陽は肯定的に語る存在であり、そこに絡める限り、「慷慨の士」であった自分も肯定的に語られるのである。渋沢の江戸時代を検討するのに、山陽は鍵を握る。渋沢は定信を語る際も、山陽を絡め

て語るのが少なくない。松平定信を初めて知ったのは、『外史』の「上楽翁公書」だ、とも述べている[4]。それ故、頼山陽（とりわけ『外史』）を中心に、若き渋沢の思惟様式の再構築を始めてみたい。

渋沢の学習過程を『雨夜譚』巻之一から検討する。渋沢が書物を初めて読んだのは「六歳の時」で、父親から「大学から中庸を読み、丁度論語の二まで習」った。七・八歳の時に尾高藍香に習うことになった。藍香の教え方は、丁寧に復読して諳誦するといったものではなかったらしい。

只種々の書物即ち小学・蒙求・四書・五経・文選・左伝・史記・漢書・十八史略・元明史略、又は国史略・日本史・日本外史・日本政記、其外子類も二三種読むだと覚えて居るが、全体、尾高の句読を授ける方法といふのは、一家の新案で、一字一句を初学の中に暗記させるよりは、寧ろ数多の書物を通読させて、自然と働きを付け、此処は斯くいふ意味、此処は斯くいふ義理と、自身に考へが生ずるに任せるといふ風でありました…。

渋沢は「経史子類などの、堅い書物」よりも、通俗三国志や里見八犬伝を好んで読んでいた。それを藍香に話すと、読みやすく好きな本を色々読んでいけば、いずれ「外史も読める様になり、十八史略も史記も漢書も追々面白くなる」から良いのだ、と肯定された。そのため、軍書・小説を好んで読んでいた。

そうしている内に百姓が馬鹿馬鹿しくなり、また、ペリーの来航で、海外との交渉の行方が関心事になる。「十七の歳から十八、十九二十の頃まで両三年間のなりゆき」として、「平生誦読した日本外史、又は十八史略などで」漢の高祖や秀吉は農民から、家康も小大名から出たと知り、そうした豪傑を自分の友人の様に考えるようになった。

渋沢が、『外史』と並ぶ山陽の主著、『通議』を読んだかは管見の限り確認はできない。ただし、『通議』と『外史』『政記』の論賛の元になった、『新策』は読んでいる。中央新聞の明治四四年五月一日の記事に以下の様にある。

少時頼山陽の新策を読みたる事あり、其中に信濃は日本の分水点なり、我国の中心なりと云ふ意味の文句ありたる様に記憶す。山陽は学者文士と云はんよりは寧ろ政治家たる趣のある人なれば其云ふ所も又一頭地を抜けるものあり、信濃に関する此言の如きは地理学の発達せる今日より顧れば或は見当違なるやも知るべからざれど幾分の真理を含める様にも思はる。

この見解は重要である。山陽を文人ではなく政治家として、つまり政治家が「天下の大勢」をどう操作するか、という観点として山陽の書物を捉えるのは、卓抜である。更に、現在の学問からすれば問題もあるだろうが、真理を含んでいる、という意見は軽視できない。

山陽から渋沢は何を得たのか。『斯文』「山陽先生百年祭記念号」（一九三一年七月）に載せた、「日本外史の教訓」という一文を見てみよう。

頼山陽は良史であり、又、日本外史は好著である。自分も初めは戦国の英雄の事績が知り度くて日本外史を読んだのであったが、読んで居る内に段々面白くなって、山陽の議論に釣り込まれて、いつしか尊王論に耳を傾ける様になり、山陽詩鈔を愛読し、楠公に関する詩などは大抵諳誦して居った。今でも湊川の詩の後半はなほ覚えて居る。

「尊王論」と「楠公」への関心が特筆されている。実際、この文の後半は楠公についての渋沢の認識、敬意を示している。

その頃は外患が漸く急にして、自分たちは幕府の態度が如何にも優柔不断で、唯外国の命に是れ遵ふを憤り、漢学者流の攘夷論にかぶれ、一旗挙げる計画までしたが、同志の忠告によって思ひ切り、改めて一ツ橋家に御奉公するに至ったのである。

この段落は、若き日の回想であり、山陽に直接触れてはいない。ただし、「幕府の態度」が「優柔不断」であることに憤った、というのが『外史』の影響とみるのも可能である。[5] 山陽の思想に於いて重要なのは、「君主の決断」である。『外史』『政記』『通議』そして『日本楽府』に於いても、元寇に対する執権北条時宗の決断を重視している。『外史』の記述では、「時宗の元虜を禦いで、我が天子の国を保ちたるは、以て父祖の罪を償ふに足る」とまで絶賛している。[6] そうした、英雄的君主達による「決断」をドラマティック且つ重要なものとして認識していれば、そうならざる御公儀の姿勢に苛立ちを感じるのも不思議でない。

問題は、「漢学者流の攘夷論」と「かぶれ」という物言いである。山陽はあまり西洋を好んでおらず（そのわりに西洋渡来のガラスのコップがお気に入りで、それ以外では酒は飲まない、などと言うのだが）、貿易についても、貴金属が流出するだけで、あまり日本に利益はないとする。しかし、排外でも攘夷でもない。山陽は少なからず西洋の学問に関心を示している。ロシア・イギリスの情勢を分析して、ナポレオンには感動と警戒の念から詩を作り周囲に示している。渋沢がそうした山陽の一面を知らなかった可能性はある。しかし、この「攘夷論」が山陽を示すならば、「かぶれ」たなどというだろうか？山陽の論が「かぶれ」る程度ならば、それ以降にこのような評価はしまい。また、「漢学者流」とぼかすだろうか？

維新の後自分は早々野に下り、身を実業界に投じたが、根が漢学仕込だけあって、どうしても義理を棄て丶商

> 売する気になれず、年来論語算盤説を唱へて、道徳と経済との提携を主義として居る。然るに今時の人は兎角義理の観念が薄くて困る。「得るを見ては義を思ふ」「義を見てせざるは勇なきなり」等の句が脳裡に在りさへすれば、決して不義の行をして利益を得ようなどといふ考は起らぬ筈である。若い人達はせめて外史位はみっしり読んで日本精神を養ってもらひたい。

ここで、山陽から得るものが「日本精神」であることが判明した。そもそも、「得るを〜」「義を見て〜」はどちらも、『論語』の語句である。(7)この二句が脳裡に浮かばないからといって、何故『外史』を読む必要があるのだろうか。それは、渋沢はここの「義を見てせざるは勇無きなり」を、『論語』ではなく『外史』の文脈で判断しているからであった。

この章を、朱熹の『論語集註』で見ると、以下の様になる。(8)

> 子曰く、「其の鬼に非ずして之を祭るは、諂なり。其の鬼に非ずとは、其の當に祭るべき所の鬼に非ざるを謂ふなり。諂とは、媚を求むるなり。義を見て為さざるは、勇無きなり。」と。知りて為さざるは、是れ勇無ければなり。

これを読む限り、必ずしも勇壮な心意気を述べたものではない。更にこれが「日本精神」につながろうとは思いがたい。

では、『外史』ではどういった文脈ででるのか。これは、巻五新田氏前記「楠氏」の巻で出てくる。(9)「児島氏」の初出の箇所である。児島高徳が笠置にいる後醍醐天皇を助けようとしたが時遅く、楠木正成は敗走し、天皇も西に流されることになった。それを知った高徳が、配下に述べた言葉である。

高徳、其の衆に謂ひて曰く、「吾れ聞く。志士仁人は、身を殺して以て仁を成すこと有り。義を見てせざるは、勇無きなり。盍ぞ要して駕を奪ひ、以て義を挙ざる。」と。衆奮ひて之に従ふ。

志士であるからには、たとえ死ぬことがあったとしてもやらなければいけないことがある。天皇を賊から奪還せねばならない。なんとも勇ましい言葉である。おそらく、幕末以後の日本人にとって「義を見てせざるは、勇無きなり。」という言葉に込められたイメージは、こうした勇猛果敢なものだっただろう。[10]それこそ、「武士」としての生き様であるかのごとく。しかも、児島氏は楠氏に与する南朝の忠臣として描かれた存在である。実は、高徳のこの『論語』の語句を引用した台詞は、『太平記』で既に描かれている。それ故に、これは山陽の創作でもないし、必ずしも『外史』的なわけではない。しかし、そうした武士のあり様を的確に表した言葉として、この『論語』の語句は解釈されている。そうした心意気を最も良く表すのが『外史』の漢文なのだろう。

渋沢はもとは農民である。それ故に、「武士」には「なる」ものであった。とはいえ、妻・千代に出した書簡を見ても、「一旦武士と相成候身」と自身を述べ、[11]また、千代に対して「昔し楠木正成の女房は……」[12]や「武士の妻は古より楠木正成の妻、又は忠臣蔵などにも其のためし多く候へは、随分心強くなされ候よふ頼入候」などと、[13]武士の妻としてのあり方を諭している。このことを思えば、渋沢は一橋慶喜に仕えて以来、自己規定は「武士」なのだろう。そもそも、歌舞伎の女形がそうであるように、本来そうでない者が、なにかに「なる」「演ずる」際、もっとも「それらしき」所作・ありようを強調するのは当然である。元々は町人・村人から武士になった者、ないしは、武士とはいえ下層の者から激烈な「尊王攘夷の志士」が出てきたことも、そうした一つの顕れだろう。

ここで、若き日の渋沢にとって、『外史』によって触発され、晩年になっても生き続けていたものは、ある種理想化された「武士のエートス」ともいうべきものだと判明した。

三　排外思想——水戸学の影響

では、若き渋沢が「かぶれ」た排外論を唱えた「漢学者流」とは何なのだろうか。『青淵百話』「八五吾が生涯の悔恨事」で、「現在の地点にたって、自己の経来りし過去の径路を追想すれば、必ずや悔恨の情に堪へざる事が、何か一つ二つはある」と語り出す。「時代風潮の感化を受けたり、或は四囲の情実に纏綿して勢ひ左様なったことが、後日に至って大に後悔の種となるやうなこともあるものだ」と、まさしく周囲に「かぶれ」てしまって起こした行動を、後悔している。責任転嫁の様な気がしないでもないが、続けよう。

余の所謂悔恨事とは、青年時代に抱ける思想や目的が、老後の今日と全く異ったものとなり、少くとも形式に於ては右すべきを左したといふことになった事実がそれである。就中排外論と、海外貿易に対する誤想とは其の著しきものであった。

「かぶれ」ていたという言葉は、やはり後悔に基づくものであった。それ故に、山陽に対して後悔の念がない以上、山陽から排外主義や攘夷論を誤読したわけではない。では、その「誤想」のきっかけは何だろうか。

幕末に於ける政界の狂瀾に投じて、頻に尊王攘夷を主張するに至った余が動機を稽ふるに、勿論忠君愛国の思想が其の主因となったには相違ないけれども、抑もまた当時の海外貿易が不利で且つ無益なることを思ふの念切なりしことも、其の原因の一つに数へねばならぬ。当時に於ける自分の意見としては、貿易の如きは国家の富を徒らに外人に吸収せらる丶の外、何等自国を益する点あるものではない。

「忠君愛国」自体は問題ではない、それが間違った方向に出てしまった。渋沢の本音はこうなのだろう。そこで挙げられるのは、貿易に対する判断である。日本から出るのは生糸のような「立派な実用品」なのに、外国から輸入するのは「玩弄物」に近い「碌でもないもの」ばかりである。だから貿易に批判的であった。

更に余の憶測には、近時頻に外人が日本の沿海に来て通商貿易を迫るのは、要するに其等の表面的の理由を口実として遂には国家を奪はんとするものではなからうかとの邪推もあった。

この「邪推」は、渋沢だけのものではない。山陽の同時代の人々でも、ロシア・イギリスの来航を、通商を口実にした侵略だ、とみなした人はいた。山陽はそれを否定し、侵略ではなく交易目的に過ぎない、と断じていた(14)。渋沢は続けて、歴史を顧みた結果、キリスト教の布教と侵略が一体だったことを指摘し、徳川の「鎖港主義を固持し天主教を厳禁」したのは道理であるのだから、「余の如きは歴史を偏見して外国人の心中は総て斯くの如く恐怖すべきものと信じた」とする。続けて、

烈公の代となってから水戸の学者は一斉に此の事を論じ、天下に禍するものは外人の来航であると主張し、鎖港主義の張本人を以て任ずるの風があった。而して余が青年時代の学問は、実に此の鎖港論の製造元たる水戸

学派を継承したものであったから、自然と余は、当時西洋人が日本へ来て通商貿易を求めるのは、必ず元亀天正の昔を追ふものに相違あるまいと思ふの外、更に外を顧みるの余地がなかった。若輩の悲しさには、活眼を開いて天下の大勢を洞観することを知らず、先輩から教へられた所を其のまゝに信じて深く心に銘した為、十七八歳にして遂に道を踏み違へるやうに立ち至ったのである。

ここで「かぶれ」た「漢学者流」とは「水戸学」であることが明確になった。水戸学も彼等なりに西洋の知識を取り入れ分析している。世の中を見る目がない学問の如く言われては可哀想だが、渋沢が振り返った結果として、過ちの根源に「水戸学」が名指しされた。

『竜門雑誌』「父晩香翁に就て語る」でも、水戸学について述べている。

藍香は政権返上論をも説いて居り、且つ会沢恒蔵の「新論」などを読んで水戸派になじみ、尊王と排外主義から、幕府の外交の軟弱と統一のないことを深く慨し、さらに官尊民卑の弊など論じて居りました…

師である藍香から水戸学を学んだと述べる。この回想ではその前に、藍香を「学問があり文学に特殊の頭脳を持ち、他国の文学者が来ても大いに討論して敢て譲らず、云はば天稟の才を持った人でした」と評しているのだから、より問題は「水戸学」におかれる。「水戸学」に絡んだ回想は他にもある。大正六年六月十三日に銀行員同攻会論語講演会で「論語談」と題して語った談話で、ペリーが来た頃をこう語る。

私共はまだ極く壮年でございましたけれども、其頃からして聊か漢籍を覚えましたから、此引続きから外国に対する観念は徳川政府の誤り、一図に卑しんで即ち尊王攘夷が日本の国体を維持するに甚だ必要なものであると云ふ、斯ういふ考へを持って頻りに尊王攘夷論を唱へる人々の説に聴惚れを致して、所謂国家の志士たる者が此為めにはもう生命も棄てねばならぬ位の観念を百姓の子ながらも段々に強めて参ったのでございます。其漢学者衆には多くは其当時水戸学問が流行りました。殊に私の郷里などは最もそれが多くございました。

周囲の環境が水戸学に「聴惚れ」させる状況にあったことを示す。この講演では「水戸学に多少の感染しました吾々共偏在の百姓漢学趣味の者ども」とも自らを言う。「感染」なのだから、「かぶれ」と同じく一時的な過ちとして「水戸学」をみなしている。

また、大正一三年一〇月二〇日、埼玉県商工聯合会主催第一回優良店員表彰式でこう語っている。

其の時分には攘夷といふ主義が盛んであった為に、外国の事を学ばうといふ考は少しもございません。当時世間で持囃された大橋訥庵といふ人が闢邪小言といふ書物を著して西洋の事を攻撃した。それが私共の金科玉条とする所、然らざれば会沢恒蔵の新論といふ様なものが私共の主眼とするものでありましたから、外国の事情といふものはとんと知らずに居りました。

大橋訥庵に会沢正志斎とは、攘夷論の王道である。逆に言えば、渋沢は読むべきものを読んで尊王攘夷に突き進んだ。西洋のものを自ら見聞きし判断するのが重要なことはいうまでもない。あくまで渋沢は「かぶれ」た程度の見識だろう。しかし、本も読まずに周囲に先導されたというのでもない。悲憤慷慨の志士が、狭いながらもまじめに学んだ結果としてのクーデタ計画だった（当然ながら、それは誉められたものではないが）。

四　武士のエートス――頼山陽に私淑

攘夷論には否定的だが、山陽について渋沢は終生肯定的だった。『竜門雑誌』「実践論語処世譚（三七）」（大正七年八月）で、冒頭に福地桜痴から聴いた山陽のエピソードを述べている。福地の父か従兄が山陽の門下生だと紹介し、山陽とその門人達との酒宴に於ける会話を語り、山陽が機転の利く人だったことを示している。[15]福地は『徳川慶喜公伝』の執筆を依頼した相手であり、その彼との会話に山陽が共通の話題として出てくることも、山陽への渋沢の傾倒を示す一端といえる。福地もその『幕府衰亡論』などに於ける山陽からの強い影響も、そうした文脈で再確認すべきものであるだろう。

この文は「論語」と銘打ちながら、後半も山陽の話題で占められている。まず、自ら漢詩を作ることを話しこう振りかえる。

> 「国史略」を読んでから、次で「日本外史」を読むようになるや、私は甚く山陽の学識、気概に感服してしまひ、「外史子曰（ママ）」の評文なぞは殆どみな暗記して居ったほどだ。随って山陽の詩を緝めた「山陽詩鈔」と題する詩篇を頗る愛読したものである。

山陽を「その識見と学問とは実に非凡なものである」と断言する。続けて、『外史』の論賛は新井白石の『読史余論』の漢訳だという説に触れ、そうとばかりは言えない、と否定する。

「武門の天下を平治する、是に至って其の盛を極む」の句を以て筆を擱いている一事に徴しても、山陽の胸中には、当時既に徳川幕府の末路が何んなものになるかといふことに就いての見当が、チャンと付いて居ったものと思はれる。この識見は白石の「読史余論」を焼き直したものでは無いのである。全く山陽の識見が能く凡を抜き、古今の大勢を洞察することのできた賚で、山陽独自の創見であると謂はねばならぬのだ。

確かに山陽は、一一代家斉が将軍でありながら太政大臣にまでなったことに、ある種の不吉を感じ取ってはいる。その意味で、この渋沢の読みが全く誤りだ、というわけではない。ただし、御公儀が瓦解してしまうのでは、という危機感からの政策提言は、荻生徂徠『政談』から共通しており、山陽は御公儀の瓦解を望んでいない。山陽から倒幕を感じ取るのは誤解に過ぎないのだが、渋沢はそう思い込んでしまっている。定信を語る際に山陽を持ち出すのは、倒幕的な『外史』を激賞した定信、という、そもそも無理な想定を渋沢がしているからである。渋沢にとって山陽は、「山陽の気概は能く其詩文のうちに顕れ、人を感激せしむること深く、遂に維新の鴻業の如きも山陽の「日本外史」によって動かされた者によって大成されたと謂われて居るほど」の存在でなければならなかった。この文の最後はこう結ばれる。

私が山陽の詩を愛誦して之に私淑するに至ったのは、詩そのものよりも寧ろ山陽の高邁なる識見と痛烈なる気概とに動かされた結果である。

繰り返すが、「悲歌慷慨の人」若き渋沢栄一は、まさしく頼山陽によって焚きつけられた「武士のエートス」によって自己形成した。そして、山陽によって突き動かされた渋沢は、明治となり、己の身の処し方を迷った時も、山陽の文によって衝撃を受けていた。

『竜門雑誌』「実践論語処世譚（四）」（一九一五年九月）の冒頭のサブタイトルは、「頼山陽の文に感動させらる」である。

敢て天命を知ったといふほどでも無いが、明治元年六月以来、旧主の徳川慶喜公に対し情義を全うして終りたいとの一念より、仮令一時は召されて止むなく新政府に仕へたことがあったにしろ、全く仕官の念を廃し、政治方面に功績を挙げようとの望みを全然絶ってしまひ、明治六年以後は、如何に勧められても官に就く事を断然御断りして今日に至った次第は、前回までに縷々申述べた通りであるが、私が斯く決心するに当って、非常に私を感動さした、有力なる一つの刺激がある。

一時期の出仕を例外に、新政府に仕えなかったのは慶喜公への忠誠であることを示し、その決心に重大な影響を与えたものがあるとして、以下の文を続ける。

私が明治元年仏蘭西より帰朝致してから後、当分、その頃駿府と申した静岡に隠退して居ったことはこれも既に申述べて置いてあるが、その静岡に引っ込んでる時に、私は頼山陽の書いた甲州の貞女おまさに就いての文を読んだのである。

実はここに渋沢の記憶の誤りがある。山陽の文とは「節女阿正伝（以降「阿正伝」）」のことで、「おまさ」は九州の女である。この誤解は、渋沢が回顧談をするとき、忙しさもあってわざわざ確認してないことを示している。続けて述べる渋沢による「阿正伝」の概略も、少なからず錯誤がある。ただし、この話題は『竜門雑誌』「諸々の回顧（一）」（一九二五年五月）で再度話され、その時は「節女阿正伝」としている。その錯誤のある概略を見よう。

山陽の文に拠ると、この貞女おまさは夫に死に別れてから、親類縁戚の者等より再縁を勧められたのだが、貞女両夫に見えずの義を確く守り、断じて之に応じなかった。然るに、再縁を勧める方の者も却々熱心で、爾んなら寡婦を貫して操を立てるが可いとは直ぐは賛成して呉れず、飽くまでおまさに再縁を迫り、而も、それが何れもおまさの為良かれと思ふ懇切心から出たものであるので、おまさも一概には之を却くるに忍びず、亡夫に対する貞操を全うすると共に、折角再縁を勧めて呉れる親類縁戚に対する情誼をも無にせず、茲に両全の道を立てんが為に自刃したといふのが、山陽の文の趣意であった。

「阿正伝」では、おまさは結婚していない。そして、結婚を勧める周囲の者も善人ではない。それ故に、この時に続けて述べた渋沢の意見も、当時感じたこととは多少ズレが出ていると思われる。

私は、之を読むや、将軍家に於かせられて既に政権を奉還し、私が旧主の臣たるを得ざるに至った上は、猶おまさが其の夫と死に別れたのと同じやうなもので、私が新政府に仕官を勧められるのは、又恰もおまさが再縁を勧められるのと毫も異りが無い事と思ったから、私とてもおまさと同じ心になり、旧主に対する主従の義を全うする為、断じて新政府の治下に官途に就くまいと決心したのである。そんなら、おまさの如く自刃して相果てたら可からうといふに、それでは犬死になるので、私は官途に就かぬ代り、実業方面に働いて邦家の為に尽さうといふ気になったのである。

とはいえ、「二君に仕へず」として「阿正伝」を解釈したのは、誤った解釈ではない。それ故に、「阿正伝」の内容の錯誤は、記憶の混同として問題は無い。しかし、それだけならこの回顧を紹介する価値は少ない。渋沢は続けてこう述べる。

当時、私が山陽の文を読んで感じた斯の文を蕪文に綴って、仏蘭西に同道した杉浦愛蔵といふ知人の父が先づ静岡での漢学者であった処より、此の人に見てもらったが、非常に賞めて呉れて、その草稿は今でも猶筐底に保存してある。そのうち発表する時機もあらう。

なんと、渋沢が山陽の文の感想を、漢文で書いた、というのである。しかも、先述の「諸々の回顧（一）」で、その漢文が出てくる（それ故に、タイトルの誤りも直せた）。渋沢の漢文という、非常に興味深い題材である。それをしっかりと読むために、まず、山陽の「節女阿正伝」を読んでみよう。長文だが、全文引用する。

五　「節女阿正伝」の読解

余西のかた筑に遊び、赤間の駅を過ぐ。其の数十家、瓦屋・茅店、山に依り樹に傍ひ、煙火蕭条なるを見るのみ。既にして博多に寓し、駅に節女有りしを聞くを得。博多の人松永子登余の為に説く。甚だ詳らかに云ふ。

節女、名は阿正。父は七兵と曰ひ、農を業とし、又た酒を醸し、家頗る豊かなり。二たび妻を娶るも、皆な先に死す。各おの一女を生む。節女は、後妻の出なり。初め七兵年五十にして、其の家を外甥の七左に譲り、別に舎を営む。老ひて、病篤なるに及び、其の族を聚め、之に嘱して曰く。「吾が命は旦夕に在り。而して丈夫子無く、唯だ二女有るのみ。以て公等を累すに、願はくは嘉右を養ひ、妻するに長女を以てす。次女に至れば、其の長ずるを待ちて、之を長二に妻し、以て宗家の緒を承く。」と。嘉右は、其の後妻の弟なり。長二は、七左の子なり。親族 相ひ計りて、其の言の如く、長女を以て、嘉右に配し、之をして阿正を子育せしむ。

阿正、天質穠粋にして、嘉右夫妻に事ふること甚だ謹なり。嘉右 性無頼にして、事を事とせず。日に其の村の馬医万助と、飲酒沈湎し、義父の与ふる所の田業を典して幾ど尽くす。親族 交も之を規するも聴かず。是の時、阿正既に長じ、長二も亦た弱冠たり。長二 人となり質直勤恪なるも、連ねて災患に遇ひ、産 稍落す。是を以て因循して未だ婚を成さざるなり。

九州の「赤間」の駅に、「阿正」という才色兼備で親孝行な少女がいた。その両親の死後、彼女は腹違いの姉夫妻に養われる。しかし、この義理の兄がどうしようもない道楽者であった。また、婚約者は誠実な人間であったが、不運から財政難となり、結婚せずじまいであった。

赤間の隣村を、勝浦村と曰ふ。村長の半五、家は甚だ富む。其の子 源五の為に婦を択ぶも、未だ得ず。阿正の才姿有るを聞きて、之を獲んと欲す。万助の事に因りて村中に来るに会し、語るに其の意を以てす。万助心窃かに計る。「吾れ苟も此の事を勾当すれば、則ち此の翁の勢力を借る。何ぞ欲して成さざらん。」と。遂に諾して帰る。之を嘉右に語れば、嘉右大いに喜び、親族に謀らずして之を許さんと欲す。親族 来たらば其の旧約に違へ新利を規するを誚めん。嘉右 之を患ふ。其の明くるや、万助を召し、故を語り、且つ曰ふ。「之を

> 為すこと何如」と。万助曰く。「請ふ 之を愚兄道全に謀らん。」と。道全を呼び、至る。画策して曰く、「本村長の善次は、半五と職を聯して親善たり。託するに媒介を以てし、公然として来たりて請はしむれば、奴輩何ぞ能く相い沮まんや。」と。嘉右 大いに喜び、万助をして潜往して意を授けしむ。善次許諾す。偕に来たりて議を決す。
>
> 乃ち阿正を呼び之を告げ、説くに利害を以てす。阿正黙然として答へず。やや久しくして曰く。「諸君 妾の為に計る。妾寧んぞ荷はざらん。然りと雖も、阿爺 没するに臨み妾を撫で、之を二郎に許す。慈心 属する所、万 背くべからず。百事 唯だ命なり。此れ独り従ふこと能はず。」と。涙 言と倶に下る。道全等 大いに怒りて曰く。「吾輩の説く所、唯に卿の為めならず。利を義父に計り、施 吾輩に及ぶ。与に栄耀有り。此の洪福を舎て、而して落魄の長二を慕ふ。転倒の甚しきなり。」と。嘉右 又た罵しりて曰く。「汝 此の婚を肯ぜざるは、必ず縁故有り。意ふに汝 已に密に長二と通ずるなり。余 必ず汝ら二人を逐出さん。」と。阿正 頭を低くして言はず。万助曰く。「事已に此に至る。何ぞ必ずしも喋喋せん。速やかに吉を涓び幣を納るるに如かず。」と。善次をして暦を閲せしめ、曰く。「某日吉なり。」と。是に於いて衆 歓飲すること夜を徹す。阿正 隅に向かいて飲泣するのみ。

隣村の村長が息子の嫁として阿正に狙いをつける。そして、嘉右とその友人は、我欲が強く人の道を省みない男達であった。阿正は亡父と婚約者に操を立てようとするも、男達は強引に婚姻を進めてしまう。阿正は泣きくれるばかりだった。

> 是より、梳・糚 皆な廃す。家 其の変有るを慮りて、更に之を守る。既にして数日、阿正 忽ち洒然として

涙を収め、稍や髪を理め面を靧す。家 其の志を改むると意ふ。防護寝く解く。阿正 間に乗じ、沐浴装束し、屋後の炭廠に入りて、厨刀を以て咽を貫く。両手は膝に拠り、伏して死す。時に年十八。

義母 方に識に、其の在らざるを覚り、之を隣りに詢ふ。隣曰く。「近く久しく二姐を見ざるなり。」と。家に帰りて家周く捜す。流血淋漓たるに遇ひ、大いに驚く。嘉右 時に他に適き、変を聞きて馳せ至る。遺書の二つ傍に得。其の一は、以て義父母に遺す。曰く。「児 初め爺嬢を喪ふも、乃ち覆育を蒙る。恩 啻に海山のみならず。今段の婚事をもって、父母を利し、又た諸親を利す。宜しく速やかに命を奉るべきも、独り初め二郎に許嫁するを奈せん。近ごろ其の生業漸落たるを聞く。是の時に乗じて、変わりて他に適き、独り富貴を享くるは、是れ妾の遺言と違ひ、二郎に負くなり。妾をして違はず負かざらしむれば、則ち義父母に孝ならざるなり。妾身 此の罹に遭ふ。唯だ一死有るのみ。奉事終へず、多罪万恕せよ。」と。其の一は、以て長二に遺す。曰く。「妾身の郎君に許すは、更言を須ひず。近く乃ち勝浦に適くを勧むるに遭ふ。幣を納れて日有り。妾 悲愴に任へず。昨 人に託して款説するも、一切聴かず。託する所の人も、亦た反り来りて妾に勧む。復た一人の郎君に適くを賛する者有ること無きなり。妾 是に於いて殊に郎君の痛むべきを覚るなり。饒ひ妾をして遂に不義の婚を成し、身に錦繍を披り、口に肥甘を飽かしむるも、独り何の面目ありて人を見んや。義父 謂へらく、妾と郎君と殷勤を通ず、と。亦た宜しく然るべきの疑なり。然れども実に未だ嘗て一夕の情も伸べざるは、郎君の知る所なり。特に許嫁の義の重きを思ふのみ。又た逝く者の辞すること有るを欲するは、彼を思ひて此を念じ、万愁心を纏ひ、自ら残す所以、冀くは憐察せられんことを。」と。嘉右 憮然たり。万助至り、其の尸を見る。窃罵して曰く。「執拗たる女子なり。自ら罪孽を造る。豈に能く成仏せんや。」と。遂に之を善次に告ぐ。善次 禍を懼れ、教ふるに狂疾を以て聞し、郡宰に賄す。事 寝みて問はざるを得。実に享和辛酉十一月なり。物論囂然たるも、敢へて上聞すること莫し。

義父母への孝と周囲からの圧力、それに対して、実父への孝となにより許嫁への信義。板挟みといえど、阿正にとっては後者が貫くべき筋であった。しかし、義父とその周囲は阿正の想いを踏みにじろうとする。なにより、この筋が通らない義父達からの強要に対し、許嫁の金銭的苦境を理由に、周囲の誰も反対してはくれなかった。そのために進退窮まった阿正は、自害して果てた。一八歳の若さであった。

其の後十有八年。本藩儒臣・竹田器甫、嘗て館に臨み詩を試みるに因り、節女詞を以て題を命じ、自ら長韻を賦し、其の事を悉く叙す。藩侯詩を閲し、心に之を異とす。因りて密かに中外に詢ふ。侯の生母賢にして恵有り。其の隷する所の小婢は、赤間の人なり。呼びて之を近くし、得て其の実を訪ね得れば、之を侯に語る。侯吏を遣はし廉問す。遂に両村長職を奪ひ、当時の郡宰以下を追咎す。黜罰するに差有り。節女の家に白金を賜ひ、存邺せしめ、以て之を旌すと云ふ。

その死後一八年後、儒臣・竹田器甫が詩会でこの一件を題材に詠んだことから、藩主の知る所となり、両村長をはじめ欲深な者たちは罰せられた。渋沢の「実践論語処世譚（四）」の回想は少々短絡的だったが、これなら阿正の生き様に心を打たれるだろう。

ただし、実はこの文章の真価はここではない。山陽は寧ろ、この文章を急ぎで作ったため練られていない文だ、としている。山陽はいつも、推敲に推敲を重ねて文を作るのだから、それで満足いかないのも当然である。しかし、急作りでもこの文が素晴らしいのは、続けて「外史氏曰」の論賛があるからである。それを見てみよう。

外史氏曰く。嗚呼、烈なるかな。阿正の其の夫の為に、其の心を為すを推すも、亦た憐れむべし。彼れ其の荒山破駅の間に生長し、何の聞見する所ならん。而して其の栄辱の分を弁ずること是くの如く其れ明らかなるは、何ぞや。蓋し亦た忍びざること有るならん。余 多く都邑の婦女を閲するに、争ひて身の富貴を託し、貧を以て恥と為す。相聚りて語るに曰く。「某は某公に適く。某は某君に嫁す。」と。或いは曰く、「某は当に某に適くべきに改めて某に醮し、禍転じて福と為す。」と。嘖嘖然として其の栄を艶慕す。而して結髪偕老の情に至りては、概して省りみず。娼妓と見を同じくするに至り、自ら其の辱為るを知らざるなり。婦女 猶ほ恕すべきなり。乃ち鬚眉戟張し、豪傑と自許し、而して茜裙荆釵の人より愧づること有る者多し。則ち何ぞ邑人の阿正を以て転倒と為すを尤めんや。男の質を委するは、女の笄字と等しきのみ。

余 嘗て筑紫の野乗を検す。近古雲擾の際、武夫健将、朝は立花に事とし、暮には大友に帰するは、比比として皆な是なり。甚しければ則ち其の旗幟精彩を観て、以て去就を卜ひ、其の君を去るを視ること、駅舎の如く然り。噫、何ぞ其の無情なるや。故に夫の所謂忠臣とは、他無し、其の君に情有るなり。孝子は其の父に情有るなり。而して節女は其の夫に情有るなり。唯だ夫の情有れば、是を以て忍びず。其の忍びざるを以て、故に能く自ら死生の際を忍ぶのみ。余 其の節を烈とするも、而して其の情を悲しみ、阿正伝を作る。

都の女性は競い合って富貴な男に嫁ぐことに汲汲としている。周囲と較べ、自分がさらに良いところに嫁ぐべきと、欲深で恥知らずなありさまである。しかし、実は己を豪傑と自称する男達もそれと変わりはしない。九州は戦国時代に於いて、合戦の状況によって、平気で裏切るありさまであった。それは、夫・君主に情が無かったからである。

阿正は父と夫（婚約者）に情があった。それ故に、二人を裏切るのは、自らの命よりも忍びなかった。その貞節は烈操として、讃えるべきである。しかしそれ以上に、その情を悲しく思い、この阿正の伝を作ったのである、と。

では、「諸々の回顧（一）」を検討してみよう。帰国して既に新政府になっており、留学中の資金の処理が問題となって、渋沢は三ヶ月程東京にいた。やることもないので『山陽遺稿』を買って読んでいた。その中に「節女阿正伝」があり、それに「感奮し、私は一文を草した」。

即ちその文章を作った意味は、初め私は天下国家を治めようとし、後、慶喜公に仕へた。従ってその間に君臣の関係が出来た。君臣の観念を重んずるのは日本の最もよい処である。私は、優れた才能を持って居れば特別であるが、漢学を学んでも支那一国のことも全く知り得ず、仏国へ行ったが留学も出来ず帰ったので西洋の事もよく判らずにしまった。で今までの処では方針が悪かったから、将来身を立つべからずと覚悟した。又これから日本をどうするかに就ては、幕府に縁故のある身柄なので余り口や手を出すのも考へものである。実に僅か二年の間に「桑田変じて滄海となる」と云ふ変わり方であるから、人を見ても物を見ても満目蕭然として儚い感じが起って来る。斯様な時も時、阿正の伝を読み、実に人情に厚い行為であるから、私は丁度宝台院様（慶喜公）にお目にかかった時のことを思ひ、あの方に義理をせねばならぬと考へて、左の文章を書いたのである。

「慷慨」の人にしては、手持ちぶさたな折りに感心した、程度のエピソードにしているが、その漢文はむしろ、「慷慨の人」の面目躍如な躍動感のあるものである。「読節女阿正伝」の全文は、以下のものである。

明治己巳の季夏、余 公事を以て東京に来り、本石第四街に寓す。時に多雨連旬にして、頑雲聚散し、殆ど晴日無し。炎威未だ甚だ爀ならずと雖も、其の滞陰鬱蒸の気は、又た厭ふべきなり。公務の稍閑なるに会いて一書肆に就き、山陽遺稿を購じて之を読む。閲するに節女阿正伝に到り、翫読再四す。悲愴憐惜自ら禁ぜず。其の操を持し節を全ふし、身を殺して仁を成すの行を欽慕す。輙ち間を措くこと能はず、一篇を謄写し、以て同志に寄す。将に以て世の未だ阿正の名を知らざる者に、相伝して称へ蓋し其の名節を明らかにせんとす。夫の勁節高義は、後世の模範なるも、果たして窮厄多故有りて、当時に苦しむ。故に能く其の忍びざるの情を以て、大いに死生の際を忍ぶ。一死既に能く之を忍ぶ。況んや何ぞ僅僅一朝の浮栄有らんや。饒ひ阿正をして村長の男に嫁せしめ、錦繍肥甘し其の富貴を全うし、偕老の楽に終わるも、固より義父母 之を命ずるなり。親戚 之を勧むるなり。村長 之を媒するなり。而も利害得失は判然たるなり。未だ必ずしも不義の女と為らず。而して邑人の称して以為らく、其の智識は小節を忍び栄耀を保ち、施しを義父母に及ぼすなり、と。阿正 豈に之を弁ぜざらんや。弁じて其の節を改めずして、脱然として自尽し、能く其の志を遂ぐ。是れ其の名を遠邇に馥り、今日に伝はる所以なるか。

嗚呼阿正は僻邑の一少女なるのみ。今や其の伝に因りて其の事を詳らかにすること、是くの如く其れ明かなり。読者をして当日苦節の景況を想像し、膚毛悚れ、心肝慄のかしむ。頼氏の筆も亦た偉なるかな。抑も澆季の世、滄桑の際、未だ必ずしも阿正に類するの節の士無かるべからず。然りと雖も頼氏 之を記するに非ざれば、何を以て其の幽光を後世に伝へんや。ああ頼氏已に逝く。今の阿正に類するの節の士、尤も悲しむべけんや。

貞節を守り自らの命を引き替えにして仁をなす。こうした阿正に悲愴憐惜の思いを禁ぜず、その生き様を周囲に伝えるためにこの一文を作った。渋沢が重視するのは、阿正は義兄の勧めにのった場合、安楽な生活を約束された上に、親孝行であるとして周囲から批判されない立場であった点である。むしろ、小義を忍んで栄達をつかみ親孝行も果たしたとして、村人達から誉められる状況にあった。阿正はそれを理解しながらも、節を改めずに志を遂げた。そうした、利害得失を超えた所に人を感動させる力がある。

渋沢は、自分の状況と重ね合わせて語っている。徳川慶喜への忠節と維新政府への出仕、これが渋沢にとって「長二」と「源五」なのである。維新政府に仕えたとて、周囲からの勧めによるものであり、しかもそれは日本のためになるのである。誰がそれを批判しようか。慶喜への忠義は「小義」に過ぎない。そう皆が認めるだろう。渋沢の置かれた状況は、まさしくそうしたものであった。悩んで出した結論は阿正と異なるとはいえ、その悩みは人としての生き方にあった。

六　青年渋沢の自画像

「悲憤慷慨の人」渋沢栄一ここにあり。感情がそのまま伝わってくるような、わかりやすい漢文である。ここに改めて、渋沢栄一の人となりが、こうした、武士道、人情に直接感情を揺さぶられる性分であるとわかった。(16)

要するに此文章は私の一時の感情を吐露したに過ぎぬもので、世の中を諷刺しようとしたのではないが、人の情は斯うなくてはならぬ、阿正が身を殺して仁を為した、この心掛けが最も大切であると考へたのであった。丁度此時は静岡藩の商法会所をやって居たが、後大隈さん達にすすめられて、兎に角大蔵省の役人になった。勿論信頼せられて居たから、此方も忠実には働いたけれど、間もなく再び野に下ることになった。それが元来私の素志なのであって、私は謙遜でもなく怨みでもなく、官途を去ったことを少しも残念だとは思はない。そして明治初年頃の書き物を見て、今の変わらぬ心を喜んで居る。

然るに今日の世の中は今日政友会であったものが、明日本党に走ると云ふやうな有様である。或は智識の進む関係から、時に已むを得ぬ場合もあるのか知らぬが、山陽も論じて居るやうに、一方に味方となり次で敵方になるやうな世の習であるから、質実剛健の重んずべき感をいよいよ深くして、阿正の伝に就ては世に知らせ度いものであると切に思ふのである。

こう述べて結ばれる。果たして、老人渋沢と、悲憤慷慨の青年渋沢の心が変わらないかは、議論の余地がある。明治期を官界から財界で走り抜けた渋沢が、悲憤慷慨の武士のままでいたとは、単純には思いがたい。とはいえ、老人渋沢の記憶による姿以上に、青年渋沢は悲憤慷慨の人であった。頼山陽『日本外史』が幕末の人々に与えた強烈な影響の、一つの典型といえよう。

註

（1）『楽翁公伝』編纂についての先行研究は、見城悌治「近代日本における「偉人」松平定信の表象」（『千葉大学留学生センター紀要』三号、一九九七年）、同「渋沢栄一による歴史人物評伝出版とその思想」（見城他編『近代東アジアの経済倫理とその実践』日本経済評論社、二〇〇九年）がある。見城氏によれば、これら以外にはこの伝記編纂事業への思想史的アプローチは河原宏「日本文化史上の渋沢栄一――『徳川慶喜公伝』をめぐって」（河原宏編『日本思想の地平と水脈』ぺりかん社、一九九八年）がある位である。

（2）大正六年六月九日千葉県安房中学校での講演で「慷慨悲歌の士」と自認し、『竜門雑誌』「父晩香翁に就て語る」（一九三〇年五月）で幕府の失政に「悲憤慷慨したものだ」と語っている。そもそも、高崎城乗っ取り、横浜焼き討ちなどのクーデタを計画していたことを思えば、渋沢がそうした「尊王攘夷の志士」によくいる傾向の人物であるのは疑いがない。それは師である藍香に宛てた書簡を見ても、当時の「慷慨」的な人柄が浮かんでくる。本章で引用する渋沢の言行は、全て、渋沢青淵記念財団竜門社編纂『渋沢栄一伝記資料』（渋沢栄一伝記資料刊行会、一九五五－一九七一年）による。

（3）もっとも、天皇中心の郡県制にすべき、という文脈であれば、「誤読」ではあるが、『外史』はそう読むことも可能である。

（4）『楽翁公伝』の渋沢の「自序」で、「少年の頃頼山陽の日本外史を読んだ折などに、その名は聞き及んで居たが、未だその人を理解するには及ばなかった」と書いている。
（5）幕府の態度への憤りは、江戸期の渋沢の書簡に見られるので、記憶の改竄はない。藍香宛て書簡、元治元年七月二一日付と、同七月二六日付を参照。
（6）詳しくは、濱野清一郎『頼山陽の思想　日本における政治学の誕生』（東京大学出版会、二〇一四年）を参照。
（7）季氏篇「孔子曰、『君子有九思。視思明、聴思聡、色思温、貌思恭、言思忠、事思敬、疑思問、忿思難、見得思義。』」と、為政篇「子曰、『非其鬼而祭之、諂也。見義不為、無勇也。』」
（8）傍線部が朱熹の注である。
（9）山陽の文章は、総て『頼山陽全書』（国書刊行会、一九八三年）による。
（10）「志士仁人は、身を殺して以て仁を成すこと有り。」も、『論語』衛霊公篇の「子曰く『志士仁人は生を求めて以て仁を害すこと無く、身を殺して以て仁を成すこと有り。』と」からのものである。
（11）慶応三年五月一五日。
（12）慶応四年二月一七日。
（13）慶応四年三月三〇日。
（14）ただし、それは「荷蘭船行」という漢詩に於いてであり、渋沢がそれを読んだか、読んで理解できたかは不明である。
（15）福地の実父が山陽の直弟子である。
（16）この談話には藍香と蓑水の評文が付いている。それを見ても、この文章は片手間で作られたものではないのは明らかである。

第二章　『論語講義』再考
——近代論語のなかの渋沢栄一——

桐原　健真

一　近代論語の射程

家族法学者として知られる穂積重遠（一八八三〜一九五一）は、敗戦直後に公刊した『新訳論語』（社会教育協会、一九四七年）において、次のように記している。

祖父の渋沢栄一が「論語と算盤」を標語としたほどの大の論語信者だつたことは相当有名だが、まだ子供だつた私に一冊の「ポケット論語」を呉れた故、両親に教はり教はりポツポツ読んで見た。もちろんわかるはずもなかつたが、それでもむつかしい漢字を読むことに子供らしい誇りを感じたものだ。(1)

穂積の父は、同じく法学者の穂積陳重（一八五六〜一九二六）であり、その母は近代日本の実業家である渋沢栄一の長女・歌子（一八六三〜一九三二）であった。すなわち重遠は、栄一の外孫にあたることになる。

ここで記されているエピソードにみえる「ポケット論語」とは、近代日本における生命保険事業の基礎を築いた人物として知られる矢野恒太（一八六六〜一九五一）が、朱熹の『論語集註』を底本として、これに頭註を付した

『ポケット論語』（博文館、一九〇七年）のことであると考えられる。同書は、二年あまりで一〇刷に達し、晩年の矢野も、「忽ち三十五、六万売り尽しました」[2]と回想しているほどの反響を得たものであった。多くの論語関連書籍を収める青淵論語文庫[3]を企画した渋沢が、この書をいち早く手に入れたであろうことは、矢野との公私にわたる交友関係から考えても疑いない。

ただし、この書が刊行された年を考えると、穂積重遠の回想も少しく怪しいところがないわけでもない。すなわち一九〇七年には、一八八三年に生まれた穂積はすでに二四歳、ちょうど東京帝国大学を卒業し、同大法学部講師に就任するころにあたっており、「まだ子供だつた私」という叙述と合わないこととなるからである。あるいはこれは、彼の記憶違いで、まったく別の袖珍本、すなわち袖や懐に携帯できるような判型の『論語』を与えられた可能性も否定できない。ただし管見の限り、『ポケット論語』以前に、袖珍本や文庫本で活字刊行された『論語』はみつからなかった。[4]

いずれにせよ、年端もいかぬ小さな孫に『論語』を与え、その孫に後年「論語信者」と評されるほどに、渋沢が『論語』を好む人物であったことは疑いない。事実、渋沢自身、「論語」をタイトルにもつ著作を多く世に問うており、その概略を見ると以下のようになる。

一九一七年　『処世論語』弘学館書店
一九二二年　『実験論語処世談』実業之世界社
　　　　　　『渋沢子爵活論語』（安達大寿計編）宣伝社
一九二五年　『論語講義』（乾・坤）二松学舎出版部
一九二六年　『論語』晩香書屋

一九二七年　『論語と算盤』忠誠堂

これらは、『論語』の解釈書であったり、『論語』を通して人生訓を述べたりしたものであるが、一九二六年の『論語』はやや趣を異にしている。すなわち、出版者の「晩香書屋」とは渋沢の書院であり、これは渋沢自身が筆写した『論語』なのである（国立国会図書館蔵）。まさに、「論語信者」と呼ぶにふさわしいものであると言えよう。

このような「論語信者」の渋沢における儒学理解、とりわけ『論語』に対するそれについては、これまで、しばしば『論語講義』（一九二五）に依拠して論じられてきた。この書は、二松学舎出版部より二度にわたり刊行（一九二五年および一九七五年）され、また講談社学術文庫版（一九七七）や、抄録版の平凡社新書版（二〇一〇年）[5]などが刊行されている。それもまた、この『論語講義』が、「まさしく栄一の『論語』に対する見識や思いが詰まった集大成」[6]だと考えられてきたからにほかならない。

しかしその一方で、『論語講義』における註釈の内容に対しては、亀井南冥（一七四三〜一八一四）の『論語語由』（一八〇六年序跋、一八八〇年刊）や、二松学舎の創設者である三島中洲（一八三〇〜一九一九）による『論語講義』（一九一七年）からの「引き写し」が少なくないことも指摘されている。[7]こうした事実は、渋沢の『論語講義』が、「学術書としては徹底を欠く憾みを遺し」[8]ていると評価されるゆえんでもあり、また彼の儒学理解自体に疑問を投げかけるものでもあろう。

だが、近年の書誌学的検討の結果、『論語講義』は、二松学舎の教授であった尾立維孝（一八五九〜一九二七、二松学舎一期生、法曹官僚）が、渋沢の口述に『実験論語処世談』での記述や尾立自身の解釈を加えて作り上げたものであることが分かっている。[9]このことは、公刊された『論語講義』にもとづいて渋沢思想を語ることの危険性を示していると言えよう。

とは言え、『論語講義』という書が、この「論語信者」に仮託されたものであったにせよ、「渋沢栄一」という人物が、『論語』全篇を講義したと同時代のみならず今日にいたるまで認識されてきたことは、文化史的に大きな意味をもつものであったことは否定できない。本章は、渋沢における『論語』理解そのものではなく、彼が、みずからの人生の指針として選択した『論語』をはじめとする漢学をとりまく言説空間の史的展開を論じようとするものである。このことは、近世から近代にかけての「儒学」の変容の検討に資するものともなろう。

二　「儒学」から「漢学」へ

文明開化にともない、それまで公的教育の主導的地位にあった儒学が、その地位を失っていったことは周知の事実である。徳川時代における文教の中心地とも言うべき湯島聖堂が明治新政府へ移管され、ここに国学と漢学とを教授する大学本校（一八六九年）が設置されたことは、「儒学」という学問の後退を象徴する事件でもあった。

こののち、大学に祀るべき学神の選定をめぐって国学者と儒学者とのあいだで巻き起こった学神祭論争（一八六九年）は、収拾の目処がたたず、結局は大学本校自体の廃校をもたらし、かくして聖堂は、本来の目的を失っていく。そして、このかつての日本儒学の聖地は、洋学を中心に教授する大学南校の蔵品博覧会（一八七二年、のちの東京国立博物館の原点）の会場となり、さらに一八七五年には、公開図書館あるいは新聞縦覧所にまでなってしまったことを、『読売新聞』は次のように伝えている。

○神田宮本町の書籍館（旧の聖堂）にて、明後日より書物類、また諸新ぶん（新聞―筆者註）までも、諸人に読ませる事を御許しに成りました。御上のおせわは厚いものであります。[10]

「書籍館」とは、一八七二年に、旧江戸城内の紅葉山文庫や昌平坂学問所の蔵本を中心に文部省が設置した日本初の近代的な公立図書館であり、やがて今日の国立国会図書館へと発展する基となったものである。かくのごとく、開化派維新官僚によって支配された聖堂は、「博物館」や「図書館」といった「文明開化」を象徴し、「御上のおせわ」を顕示する場へと変貌せられ、孔子を奉斎する場という本旨は失われていったのである。公的教育の場面における「儒学」の後退は、これほどまでに激しいものであった。

しかし一方で、在野における漢学は隆盛の趣をみせており、一九世紀後半における経典註釈書の刊行も活況を呈していた。『論語』に限ってその一半を挙げると、次のようなものがある。

安井息軒『論語集説』（一八七二）、亀井南冥『論語語由』（一八七九）、太田百祥『鼇頭四書余師』（一八八二）、川窪予章『論語経註講義』（一八八五）、田村看山『論語講説』（一八八八）、内藤耻叟『四書講義』（一八九二）、安井小太郎『論語講義』（一八九九ヵ）等々

このほか、テキストそのものである四書の集注や正文などは、恒常的に刊行され続けており、枚挙に暇がない。こうした背景には、活版印刷という技術革新や、徳川時代にくらべて自由になった出版制度のもとで、みずからの注釈を世に問えるようになったことが指摘できよう。

また一方で、明治国家において展開した新たな言語体系が、漢語・漢文知識を修得することに人々を向かわせた点も見逃すことはできない。すなわち、法令や布達がいわゆる「候文」で書記されていた徳川時代とは異なり、明治国家では漢文訓読体を基礎として造られた「普通文」が用いられていた（ここでの「普通」とはnormalではなく、universal〈普く通ず〉という意味）。それゆえ官僚たちは漢語の意味や組成を理解する必要があったのである。

たとえば、明治日本において最初に整備された刑法の新律綱領（一八七〇年）は、その前身となる仮刑律（一八六八年）もふくめ、西洋法ではなく、明律・清律などの中国法に範をとっており、これら法令上のことばを理解するためには、漢語や漢文の知識は不可欠であった。また、西洋からもたらされる多くの文物を理解するには、西洋語の習得はもとより、これを母語に変換する作業が必要であり、こうした際、漢語のもつ豊かな表現力はこれを大きく助けるものとなった。ほかにも、『万国公法』（一八六四、H・ホイートン著、W・マーチン訳）のように、在清の宣教師らが漢訳した西洋書の流入もまた、漢学や漢文の知識の習熟をうながした。[11] まさに河野有理が、「「漢語」と「洋語」、「漢学」と「洋学」とを、別々のものというよりは、二重写しに観る時代や世代がおそらく初めて出現した」[12] と指摘した通りである。

あの『論語講義』の真の著者である尾立維孝が、二松学舎から司法省法学校（速成科）に進み、一八八三年に卒業してのち、法曹界を歩むことができたのも、法学校に漢学による入学試験があったからにほかならない。まさに漢学は「官途」に就くための重要な回路だったのである。[13] 「開化」のために地歩を失った「儒学」は、まさにその「開化」によって「漢学」という新たな場を得たとも言えよう。だが同時にそれは、「聖賢の学」という特権性を認められた学問としての「儒学」とは異なった、「英学」「独学」「仏学」などと並置される語学・文学としての「漢学」への転換をも意味するものであった。

しかし、こうした漢学としての失地回復の時期も、そう長くは続かなかった。一八八一年に、井上哲次郎（一八五五～一九四四）らによって編纂された『哲学字彙』が公刊されたことに象徴されるように、学問体系や教育制度が整うにつれて、漢学は翻訳語の創造に際しての絶対的に必要な素養とは見做なされなくなっていったのである。そしてまさに『哲学字彙』が再版された一八八四年、司法省法学校は、文部省に移管されて東京法学校となり、翌年には東京大学法学部の仏法科に統合されてしまう。漢学を回路とした官途は、次第に狭くなっていったのである。

また一方で、公的教育の場面における漢学の地位も低下傾向にさらされつつあった。すなわち、言文一致運動や「母語」を中心とした国語教育の重視といった動きを背景に、中等教育における漢文科は、その役割を問い直されていく。たとえば一八九四年には、中学校の教育課程から漢作文が削除され、以後、漢文読解のみの教授になっている。さらに、一九〇〇年の一二月には、文部大臣の諮問機関として初めて設置された高等教育会議（一八九六年設置）において、中学校の漢文科存廃、すなわち従来の漢文科を廃止し、国語科に編入させることの是非が諮問されているのである。

このときは、物理学者で教育家としても知られる山川健次郎（一八五四～一九三一）は賛成を表明し、谷干城（一八三七～一九一一）や井上哲次郎が「反対演説」を行うなど、「議論百出」し「遂に決定を見ずして参会」したと『読売新聞』は伝えている。[14]

こうした文部省を中心とする教育現場での漢文不要論の動きに対し、漢学者たちは反対運動を始めていく。[15]彼らが文部大臣に提出を期した請願書の一箇条には、「就学子弟をして疑惑の念を抱かしむる事」[16]への危惧が表明されている。漢文教育への「疑念」は、畢竟、これを教授する漢学者への疑念を意味しており、それは彼らの学的名誉とともに、その糊口の途をも失わせるものでもあった。漢文科廃止は、文字通り彼らの死活問題であったに違いない。

そののちも漢文科存続運動は展開され、斯文学会（斯文会の前身）では、高等教育会議の二ヶ月後の一九〇一年二月二日に、漢学同志会による「漢文科名廃止反対演説会」が開催されている。ここでは、谷干城や井上円了（一八五八～一九一九）が演壇に立ち、「聴衆六百余人立錐の地なかりし」と言われる盛況ぶりであったという。[17]これに続き、円了や西村茂樹（一八二八～一九〇二、日本弘道会の創設者）などの知識人によって、文部省や国会に対する漢文科存続を求める請願も提出されたのであった。[18]

さらにこうした動きに対して、漢学者だけではなく、「国語学者」の側からも援護射撃がなされたことは注目すべきであろう。すなわち、国学院出身でのちに『日本文典問答』（一九一〇年）を著した堀江秀雄（一八七三～一九五九）などは、「普通の時文」を読み書きするためには、漢文知識が不可欠である以上、「なお暫らく漢文科を存立するのが得策であろう」と主張する。もとより堀江は、「国語国文を読み書きするのに、漢文科の力を借らねばならぬのは、国語科の大恥辱である。漢文科は遠からず廃せなければならぬ」あるいは「漢字としての国字は、全廃すべきものだと思ふ」と断言する「国学」的思考の持ち主であった。[19]その意味で、「漢学」に対する全面的な支持からの発言ではないが、彼のような「国語」上の必要性を訴える主張は、漢文科存続論に一つの根拠を与えるものでもあった。

最終的に文部省による漢文科廃止案は廃案に追い込まれる。[20]だが、教育的にも社会的にも言文一致が大きな潮流となりつつある状況において、「普通文」の書記読解に資するものとしての漢学が、もはやこれまでのような社会的地位を維持できなくなったことは、誰の目にも明らかになった。

しかし、「漢文科名称存置請願事務所」に、「全国各地の名望家同志者」から「一千四百余に上れる」[21]賛同者の声が寄せられたように、みずからの基礎的教養を漢学に負っていた人々にとって、漢文への関心あるいは愛着は、なお強いものがあった。彼らのすべてが漢学者だったわけではない。だがこれ以降、むしろこうした漢学の周縁にいた人々こそが、これに新たな生命を与えていく。それは、「西土の教」としてではない「国民の古典」としての「漢文」への転換であった。

三　否定される「西土の教」

近代天皇制国家においては、「儒学」が国体論の基礎的な根拠の一つであった——としばしば言われる。たしかに、元田永孚（一八一八～一八九一、明治天皇侍講）の起草になる「教学聖旨」（一八七九年）は、「道徳の学は孔子を主と」することを唱え、「忠孝の大義を第一に脳髄に感覚せしめんことを要す」[22]と訴えており、これが一八九〇年に渙発された教育勅語につながっていったことは周知の事実である。しかし、こうした国民道徳論の展開は、決して「儒学」が往事の姿のままで復活することを意味するものではなかった。

たとえば国民道徳論の先駆的著作とされる西村茂樹の『日本道徳論』（一八八七年）は、「王政維新以来、国教とも称すべき儒道は、大いに其の勢力を失ひ、武道の如きは今日復た之を言ふ者なきに至れり」[23]と、「儒学」がもはやその社会的有効性を喪失してしまったと指摘する。さらに彼は、「今日、専ら儒道を行ふべからざるは、其の理由、五あり」[24]と述べ、「儒学」が、そのままでは近代社会には不適合な道徳体系であると断じたのである。彼にとって「儒学」は、「我主義の註脚」[25]すなわち近代日本における国民道徳の樹立をあくまで補完するものとしての手段的存在でしかなかった。

西村におけるこうした選択的態度は、「儒学」以外の西洋の学術に接してきた明治啓蒙家としての、また文部官僚としての経験を背景としたものであったが、漢学者たちもまた、選択的にみずからのことばを紡がなければならなかった。なぜならば、日本における「万邦夢比の国体」を言祝ぐために、「他邦」である「支那」の経典を用いることは、少なからず矛盾した行為であったからである。

もとよりこうした自民族中心主義と「儒学」という外来思想とのあいだに存在する齟齬を解消することは、徳川時代においてもすでに試みられていた。その一つの解答を示したのが、後期水戸学である。すなわち、「敬神崇儒」を理念とするその藩校の設立趣意書である「弘道館記」（一八三八年）には、次のような論理でその矛盾の止揚が図られていた。

聖子神孫、なほ肯へて自から足れりとせず、人に取りて以て善をなすことを楽しみたまふ。すなわち西土唐虞三代の治教のごときは、資りて以て皇猷を賛けたまへり。ここに於て、斯道いよいよ大に、いよいよ明らかにして、また尚ふるなし。[26]

神代の昔より、日本には忠孝をはじめとする道徳がおのずと備わっていた。しかし、歴代天皇はそれに満足せず、「西土」（中国）から「唐虞三代の治教」（儒学）を借り、治世に役立てたのだ――と言う。そこには、「五倫の大道」という普遍的な価値[27]を説く「儒学」の教えに適合しているがゆえに日本国体は尊いのであるという普遍主義と特殊主義の融合があった。

しかして教育勅語は、その冒頭から「我が皇祖皇宗、国を肇むること宏遠に、徳を樹つること深厚なり」と宣言する。これは、日本における道徳は、建国のときにすでに確立してしまったことを意味するものであり、したがって、「人に取りて以て善をなす」必要などないということになる。明治の御代においては、「神州の道」だけで充分であり、「西土の教[28]」はもはや不要なのである。それゆえ、「水戸学の遺風を継承し、其の教育主義も亦た儒学に則[29]」ると言われた内藤恥叟（一八二七～一九〇三）でさえ、教育勅語の講義において次のように言わざるを得なかった。

かくの如くなる教育の道の全備したることは、支那にも西洋にもなきことにて、支那の堯舜の道と云ふもの、書経論語の等の書に見へ〔ママ〕たる所の如きは、とても、此の天祖の御教訓の如く、精緻広大なることにはあらず。(30)

日本における「教育の道」は、神代の昔において「全備」している。それゆえ、「支那の堯舜の道」すなわち「儒学」などは、「天祖の御教訓」にはまったく及ばないのだ――と内藤は言う。(31) それは「神儒一致」を掲げた後期水戸学からは、あまりに遠く離れたことばであったが、漢学者にすら、そうした語りを求めたのが、明治という国民国家の時代だったのである。彼らにとって、漢学というナショナリティの異なる教説に基づいてみずからのナショナリズムを語ることは、極めて困難な作業であるとともに不可避の課題でもあった。そして、こうした難題を、彼らは孔子からそのナショナリティをはぎ取り、あるいは上書きすることで解決したのである。

四　「聖人」から「人間」へ

漢文科廃止をめぐる一連の動きを経て現れた「漢学復興」の潮流は、「漢学」が本来的に有するナショナリティの問題を回避・解消することで可能となったものであり、そうした語りにおいて依拠されたのが、二〇世紀転換期から活性化する修養言説であった。

この「修養」(32) ということばについて、王成は次のように指摘する。

東西の学問を身につけた知識人にとって近代的な新しい倫理訓練の理念として〈修養〉が浮上してきた。伝統と断絶せずに近代的意識を注入して新たな修養理念を作り出そうとする機運が日清戦争以降出現した。崩壊した道徳の再建と新しい道徳の創出は〈修養〉に頼ったのである。[33]

日清・日露戦間期を経て展開した新たな道徳の模索によって、修養言説は生み出された。それは官製の「国民道徳」のように、単純に天皇や国家へと収斂してしまうような教説ではなく、明治日本において次第に現れてきた「個」への欲求（個人主義）と結合することで成立したものであった。したがってそれは、ナショナリズムを含みながらも、同時に人類普遍な理想を目指すものであり、その点でナショナリティを越えた営みでもあった。

二〇世紀初頭における「漢学復興」もまた、こうした言説の上に企図された。それゆえ、この「復興」は、かつての「儒学」そのものの復権を意味しなかった。このことは、「聖人」としての孔子崇拝という古典的な態度の後退という点に顕著に現れている。

こうした態度は、渋沢栄一も評議員として参加していた孔子祭典会（のち斯文会に合流）の構成員において広く共有されたものでもあった。すなわち、一九〇七年に湯島聖堂で挙行された釈奠に際しての演説の多くでみられたのが、超越的な存在としての「聖人孔子」ではなく、「平凡の非凡」（井上哲次郎[34]）すなわちあくまで「偉大」な「人格」をもった「人間孔子」という語りであった。

> 孔子の人格を見ると何処か果して孔子の欠点といふ所でありませうか。私は色々考へて見たが孔子の欠点を挙げるといふことは余程困難であります。孔子でも絶対的に完全なりといふことは無論言へませぬ。けれ共孔子は人間中最も欠点の少ない人であります。是が孔子のいけない点だといふ著しい所を挙げて言ふことは余程六つかしい。さう云ふ様な訳で。孔子はあらゆる方面を揃へてズッと抜けて大きくなった。即ち平凡が非凡になった。平凡の非凡。そこが一番六つかしい。マァ孔子の経て来た所の道筋は能く分って居ります。貧賤なる

学生からやり上げた。何でも無い様であるがそれならばどの学生でも孔子の様になれる。なれる訳だがさてやって見るとナカナカ大変なものであります。そこで益々孔子の偉大な所が分る。大変な六つかしい所をズッと高い所までやつた。併しナカナカ入り易い所があるからして誰でもやれる筈であります（傍点引用者）[35]。

孔子は「絶対的に完全」ではなく、「最も欠点の少ない人」であり、それゆえに「ナカナカ入り易い所があるからして誰でもやればやれる」のだ――と、井上は言う。「聖人、学びて至るべし」（程頤『近思録』）すなわち、「学べば誰でも聖人になれる」とは、朱子学における重要なテーゼであった。しかし、「孔子を模範とせよ」という井上の主張は、こうした伝統的な教説とは本質的に異なる。ここでの孔子は、もはや絶対的に完成された「聖人」ではなく、われわれと同じ次元に生きる「人間」として描かれている[36]。そして、彼が模範たり得るのは、その「人格」の高さという普遍かつ個人的な価値においてであり、この点で、あのナショナリティの問題は回避されることとなるのである。孔子はもはや「西土の聖人」ではなく「人類の模範」なのだから。

このような語りは、すでにジャーナリストの白河鯉洋（一八七四～一九一九）が一九〇〇年に公刊した著書において、孔子を「完全なる尋常人[37]」と評していたことと軌を一にするものであろう。

孔子は平凡なる偉人のみ、完全なる尋常人のみ、生れたる神の子にもあらず、突如として天啓を得たるにもあらず。又神仏の宣示を得て、卒然として心眼を開けるにもあらず。貧賤に生れ艱難に長じ、修養蓄積して以て此の偉大なる人格に到達したるのみ（傍点引用者）[38]。

鯉洋にとって、孔子は「完全」に「平凡」な「尋常人」であり、だからこそ、宗教的・超越的な高みを目指すことなく、あくまで現世的な人格の陶冶を目指す「修養」における模範となり得ると考えられた。渋沢もまた、みずからが朱筆を入れた時期の『論語講義』(稿本)において、孔子を「偉大なる平凡人」[39]と記しているのは、こうした孔子理解のうえに立つものだと言えよう。

かくて修養論を基礎とする再構成や語り直しを通して、新世紀の漢学は、「普通文」を読み書きするための「記誦詞章の学」としてではなく、「教養」や「修養」の基礎へと転化していく。それは、「聖人孔子」にはじまる経典の体系的な「解釈」それ自体を目的とした古典的な語りから、「人間孔子」や経典の「章句」をみずからの行動規律や人格形成のための手段とするような近代的な語りへの転換であった。そして、「漢学」に新たな生命を吹き込んだこうした語りの中心には、漢学の周縁にいた人々——哲学者やジャーナリスト、あるいは実業家など——が占めていたのである。

五　新たなナショナリティ

近代日本社会における孔子と『論語』の復権は、その手段化によって、すなわち「孔子に道徳を学ぶ」から「孔子で道徳を学ぶ」という態度へのシフトによって成し遂げられた。こうした動向をよく示しているのが、幼き日の穂積重遠が、祖父・渋沢栄一から与えられたとされる矢野恒太の『ポケット論語』(一九〇七年)である。

矢野は本書の開巻において、次のように『論語』の重要性を説く。

> 所謂文明国中、耶蘇教を以て人道の標準となし、国民道徳の基礎を之れに置かざるもの何くにか在る、故に中人以上の家、一冊の聖書を蔵せざるなきこと、恰も維新以前、我が中人以上、一冊の論語を蔵せざるなきと一

般なり（中略）一週一日の安息日には舟車を止め（倫敦）郵便を廃し（白耳義）ても、之れに従事するものをして精神の修養を怠らざらしめんとし、彼の有名なる剣橋大学の如き紳士の養成を以て自ら標傍するに至れり。その精神衛生に注意せること、決して肉体衛生に劣らずと謂つべし（傍点引用者）[40]。

キリスト教をその国民道徳の基礎に据えている西洋諸国においては、一家に一冊の聖書が架蔵されている。これにならって日本においても、『論語』を一家に一冊備えることで、国民道徳や修養の基礎とすべきなのだ──というのが、矢野の『ポケット論語』刊行の動機であった。このように、彼にとって『論語』とは、真理そのものを探究するのためのの「最上至極宇宙第一の書」（伊藤仁斎）ではなく、「精神の修養」のための「常識の教」[41]にほかならなかった。否、それどころか彼は、そうした前近代的な「儒学」との決別をも企図していたのである。

儒教も亦た荀孟に伝はりて以来、漸く哲理に傾き、所謂漢学先生に擁せらるるに及んでは、大いに宗教的臭味を添へ来らざるに非ずと雖も、其の根本たる論語に就て見れば、其の来る所以を論ぜず、其の帰する所を言はず、唯だ人の歩むべき道を教へて懇切を極め、徒らに高遠に馳せずして極めて人生に適切なり[42]。

「儒教」は荀子や孟子を経て次第に哲学的傾向を強め、「漢学先生」によって「宗教的臭味」が与えられるようになってしまった。しかしその大本の『論語』は、前世や来世を語らないきわめて現世的で有用な教説であり、精神修養には、この『論語』のみをもってすればよいのだ、と矢野は言う。かくて孔子の言行録たる『論語』は、二〇〇〇年以上の注釈の歴史から切り離されて、精神修養のテキストとして読まれることとなる。事実、矢野は『ポケット論語』の頭註に「読方及び大意」を付すにあたって、「必ずしも朱註に従はず[43]」と宣言しているのである。

それは漢学者ではない自分にとって、朱熹の意図を充分に承けることができないことへの予防線でもあっただろう。しかし、同時にこのことは、アマチュアゆえの自由な解釈の余地を、彼に与えるものでもあったに違いない。そしてこうした注釈史からの『論語』の解放は、同時に、注釈の祖国たる「支那」からの解放をも可能にさせたのであり、孔子および『論語』のナショナリティ問題に、一つの解答を与えるものともなった。

> 論語は我が武士道の母にして、支那に生れたりと雖(いえども)、甚だ支那に行はれず、最よく我邦に醇化し、其の教義の一部は今尚を吾人の血中に流るるものなり。故に若し今に於て我が国民道徳の標準を立てんと欲せば、論語の教は最も適当なるべきを信ず[44]。

『論語』は「武士道の母」であり、もはや日本人の血肉となっている。それゆえに国民道徳の基礎とするにふさわしい。こうした主張は、『論語』をはじめとする漢籍における本来的なナショナリティをはぎ取り、「日本」という新たなナショナリティを上書きすることで、「古典化」する試みでもあった。

この「漢籍の古典化」という試みを支えた一つの要因が、「ポケット」という形態であった。すなわち、『ポケット論語』が一〇刷を迎えた一九一〇年に、『読売新聞』の「水曜漫録」は次のように記している。

> ◎近頃ポケット論語の類、甚だ多く出版され、何れも相当の売行きある由、次ではポケット老子となり、ポケット孝経となり、易の経典余師さへ易経詳解の新名を冠せられポケット形として本屋の店先きに並べらるるに至りたり。◎漢学復興は少しも当てにならず、又それが当てになりては大変の次第なれども、一方から云へば、余りに閑却され居たる古典が、幾分か今の青年に読まるるに至りたるは万更擯斥すべき事にも非ず。（傍

点引用者）[45]

『老子』『孝経』、さらには近世後期において、儒学経典の自学自習に大きく寄与した渓百年（一七五四〜一八三一）の『経典余師』が、時代を越え、名前を変えて「ポケット化」されている――と「漫録」は指摘する。これらの「ポケット漢籍」は、いずれもこのコラムが著された一九一〇年に、とりわけ『孝経』に至っては、同時に二つの出版社から刊行されている。こうした「ポケット」の流布を通して、「漢籍」は「古典」として、また修養実践における基礎の一つとして社会的にも認知されるようになっていく。そして、このような「古典化」の潮流が、「国訳」することで、「漢文」に新たなナショナリティを付与する営みとしての「国訳漢文大成」（日本初の中国古典大系、一九二〇年刊行開始）へとつながったのである。[46]

六　『論語講義』の文化史的意味

「渋沢論語」とりわけ『論語講義』の語りもまた、「手段」としての孔子・『論語』の復権、そして「国民の古典化」といった二〇世紀初頭の言説空間のなかに成立したものであると言ってよい。しかし同時に、『論語講義』は、こうした国民道徳論や修養論とは一線を画するものでもあった。もとより、『論語講義』の公刊自体は、渋沢の望む所ではなかったにせよ、『論語』全篇を講義した本書は、「後生」に対して、『論語』をいかに読むべきか、あるいは『論語』でいかに語ることができるのかを示すものとなったからである。

『論語講義』は、『論語』の「本文」に始まり、続いて「字解」、そして内容の「講義」という順序で構成されている。この構成自体には目新しいところはないが、注目すべきなのは「講義」の叙述である。「学びて時に之を習ふ、亦た説ばしからずや」で知られる『論語』開巻の「学而篇」第一章の「講義」（稿本）に、渋沢は次のように記している。

> 青年諸君よ。願くは其の事業で錙銖の利を計る間にも。仁義道徳に注意して、強欲無理なる争奪をせずとも。利益は自ら順利より生ずるものであることに信頼されたい。是れ余が八十年来実験する所であるから。安心して論語の教訓を実際に施行せられんことを祈るのであります[47]。

じつに「渋沢論語」らしい一文ではある。しかしこうした叙述は、経書注釈書としての伝統を少なからず破るものであった。すなわち、古典的な経書注釈とは、内容を明らかにし、解釈することを目的とするものであり、たとえみずからの主張を述べるにせよ、それは、「按ずるに」といった形で、あくまで解釈上における見解にとどめるものであったからである。そこからは、「述べて作らず」（『論語』「述而」）というテキストそのものを神聖視する心性を見て取ることができよう。

しかし渋沢の「講義」は、はじめはテキストそのものを語りながら、次第にその世界を拡大させ[48]、そこに本来のテキストを越えたみずからの所信、さらには社会批判などが織り込まれていく。『論語講義』の読者にとっては、『論語』はあたかも渋沢自身の思想を語る土台のように見えたことであろう。

しかもこうした語りが、国民道徳論や修養論のような結局は個人的な倫理意識に収斂されてしまうようなものではなく、渋沢自身が標榜したように、一般社会における事業実践と結び付くもの――「論語と算盤」あるいは「道徳経済合一説」――として紡ぎ出されたことは、その後の『論語』の語り方を大きく規定していくこととなる。それは、「国民道徳」でも「修養」でも、もとより「近代学知」でもない、「経済書」さらには「ビジネス書」としての語りであり、あらたな「国民の古典」としての『論語』の誕生であった。

註

(1)『新訳論語』三頁。なお、本章における引用では、句読点や送り仮名など表記を適宜改めた。
(2)「思ふままに(一九) 矢野恒太君　ポケット論語から　芸者論へのテムポ　丸薬と水薬の相違を説く」、『朝日新聞』一九三一年七月一五日夕刊、二頁。
(3) ただし渋沢蒐集の書籍は、関東大震災(一九二三年)によって焼失。現在、東京都立中央図書館に収まるそれは、栄一の孫で、民俗学者でもあった渋沢敬三(一八九六〜一九六三)によって集められたものである。
(4) 一連のシリーズとして刊行された「ポケット・ブック」すなわち「文庫本」は、一九〇三年創刊の袖珍名著文庫(冨山房)にはじまるとされる(鈴木徳三「明治期における文庫本考(一)──冨山房　袖珍名著文庫を中心に」、大妻女子大学文学部紀要一一号、一九七九年三月)が、ここには、日本古典は収められているものの、『論語』をはじめとした中国古典はその姿を見ることができない。
(5) 守屋淳編『渋沢栄一の「論語講義」』平凡社新書、二〇一〇年。
(6) 前出、二二頁。
(7) 松川健二「三島中洲『論語講義』について」(戸川芳郎編『三島中洲の学芸とその生涯』雄山閣、一九九九年)および同「渋沢青淵と『論語』」(見城他編『近代東アジアの経済倫理とその実践　渋沢栄一と張謇を中心に』日本経済評論社、二〇〇九年)。
(8) 前出松川「渋沢青淵と『論語』」。
(9) 笹倉一広「渋沢栄一『論語講義』の書誌学的考察」、『言語文化』四八号、二〇一一年、一二月。ただし笹倉によれば、尾立の筆にまったく渋沢の手が入らなかったというわけではない。東京都立中央図書館には、公刊本の『論語講義』のもととなった尾立の浄書草稿(稿本)が収められており、このうち全体の約三分の一までは、渋沢の校閲・朱筆が加えられているという。この点で、『論語講義』における渋沢の真意を読み取るためには、この稿本に拠ることが不可欠である。しかしこれらの修正も、結局は、刊行物には反映されず、しかも渋沢が校閲を断念して以降、「尾立の自己顕示欲」が現れてきたと、笹倉は指摘する。現在、笹倉によって、渋沢が手を入れた『論語講義』の稿本を復元する試みがなされており、さらなる成果が期待される(同「渋沢栄一『論語講義』原稿剳

記（一）論語総説」『言語文化』四九号、二〇一二年一二月、連載中）。

(10)『読売新聞』一八七五年五月一五日朝刊、一頁。

(11) 清国や朝鮮・ベトナムなどの漢字文化圏における知識人との人的交流にも、「普遍言語」としての漢文が重要な働きをなしたことは、しばしば指摘されるところである。たとえば、一八八四年に渡清した仙台藩出身の岡鹿門（一八三三〜一九一四）は、その旅行記である『観光紀游』（一八八六年）の「例言」に、「余、中語を解さず。尋常の寒喧を叙すに、皆な毛穎子（もうえいし）を待つ（余、不解中語。叙尋常寒喧、皆待毛穎子）」（二丁表）と記したように、中国語会話はできなかったものの、筆談によって清国の人士と交流したのであった。

(12) 河野有理『明六雑誌の政治思想――阪谷素と「道理」の挑戦』東京大学出版会、二〇一一年、二五頁。また齋藤希史『漢文脈と近代日本――もう一つのことばの世界』（ＮＨＫブックス、二〇〇七年）参照。

(13) たとえば、司法省法学校の二期生であり、のちに内閣総理大臣となった原敬（一八五六〜一九二一）が受けた試験は、午前に『通鑑綱目』（朱熹撰・趙師淵編）の一節への句点が、午後には『論語』「公冶長篇」の「子謂子産章」についての章意と解義が課されている（鈴木啓孝『原敬と陸羯南――明治青年の思想形成と日本ナショナリズム』東北大学出版会、二〇一五年、七四頁）。原はこの試験に第二位で合格したという。

(14)「中等教育漢文科の廃止問題」、『読売新聞』一九〇〇年一二月二二日朝刊、三頁。

(15)「教育界雑事　漢学者の請願」、『読売新聞』一九〇一年一月一五日朝刊、三頁。

(16)「漢文学者の請願」、『朝日新聞』一九〇一年一月一五日朝刊、一頁。

(17)「斯文学会の演説」、『読売新聞』一九〇一年二月五日朝刊、三頁。

(18)「漢文科存置請願」、『朝日新聞』一九〇一年二月一三日朝刊、二頁。

(19)「寄書　なお暫らく漢文科を存せよ」、『読売新聞』一九〇一年二月三日朝刊、五頁。

(20) 一九〇一年三月五日に出された「中学校令施行規則」には、「中学校の学科目」として「国語及漢文」と記し、「平易なる漢文を講読せしめ」ることが規定された（『官報』）。しかし、これ以降も文部省は漢文科廃止を試み続けたが、その企図が成就するのは、戦時下における国民科国語の成立を俟たねばならなかった。漢文科廃止問題の経緯については、浮田真弓「大正期の漢文科存廃問題に見る漢文観――明治期における漢文科存廃問題との比較を通して」（『静岡大学教育学部研究報告・教科教育学篇』四一号、二〇一〇年三月）を参照のこと。

(21)「各地方と漢文科問題」、『読売新聞』一九〇一年二月二三日朝刊、三頁。
(22)日本近代思想大系六『教育の体系』岩波書店、一九九〇年、七八～七九頁。
(23)『訂正増補西村茂樹全集』思文閣出版、二〇〇四年、一巻一〇六頁。
(24)前出、一一六頁。
(25)前出、一二〇頁。
(26)日本思想大系五三『水戸学』岩波書店、一九七三年、二三〇頁。
(27)「道とは何ぞ。天地の大経にして、生民の須臾も離るべからざるものなり」(「弘道館記」、前出)。
(28)「神州の道を奉じ、西土の教を資り、忠孝二无く、文武岐れず、学問・事業、その効を殊にせず、神を敬ひ儒を崇び」(前出、二三一頁)。
(29)「家庭の教育(一四)内藤耻叟翁行儀作法を教育の骨髄と為せる事」『読売新聞』一九〇〇年一月九日朝刊、四頁。
(30)内藤耻叟講述・山田徳明校閲『教育勅語講談　大日本中学会三十年度第一学級講義録』大日本中学会、一八九七年、一九頁。
(31)これは、内藤の師であった会沢正志斎(一七八二～一八六三)が、「弘道館記」に註釈を施して次のように述べたことと大きく異なるものであった。

神州の治教は、其本立て、是を働かしむる道具なきが如く、西土の治教は、其本を論ずる時は、君臣の義などの如き、神州にしかざる所なれども、其道具は備れり。故に、是を資として、皇猷を賛けんには、斯道愈大に、愈明なるべき道理(会沢正志斎『退食間話』一八四二年、日本思想大系五三『水戸学』岩波書店、一九七三年、二四二頁)

「神州」には古来より道徳が備わっているが、これを体系づける「道具」(教説)が存在しなかった。それゆえに、実践面では劣るものの、「道具」が備わっている「西土」よりこれを採用したのだと会沢は説く。彼は、日本の優越性は説いたが、その絶対性は説かなかった点には、注意を払いたい。
(32)「修養」ということばは、当時においても新しいことば、すなわち「近代漢語」であった。仏教学者の村上専精(一八五一～一九二九)は次のように述べている。

修身、修道、修行、是れ等の用語は、古来已に応用すと雖も修養は吾輩の青年時代にありては、未だ聞かざる用語である。然るに近来訳語に之を応用せし結果なるか、或はまた修養の必要を認めし結果なるか。執れにしても近頃盛んに此の語の流行を見ることになって来たのは、まず悦ぶべき現象といはねばなるまい。（村上専精『通俗修養論』丙午出版社、一九一一年一～二頁、傍点引用者）

このように村上は、「修養」ということば、そしてその実践を言祝いでいたのである。

(33) 王成「近代日本における〈修養〉概念の成立」『日本研究』二九号、二〇〇四年一二月。

(34) 井上哲次郎「孔子の人格に就いて（孔子祭典会講演）」、『日本朱子学派之哲学（増訂五版）』富山房、一九一五年、七二七頁。

(35) 前出、七二六～七二七頁。

(36) この「聖人」から「人間」へといった語りの変容は、かつての「儒学」においてみられた孔子尊崇の態度の後退を意味している。たとえば、近世前期の儒学者である伊藤仁斎（一六二七～一七〇五）は、次のようなことばを残している。

論語一書、実に最上至極宇宙第一の書と為して、孔子の聖、生民以来未だ嘗て有らざる所にして、尭舜に賢ること遠しと為す。（伊藤仁斎『童子問』一七〇四年成稿、上五）

孔子祭典会に集った人々の多くからは、こうした「聖人」としての孔子崇拝を見出すことは難しい。

(37) 白河鯉洋『孔子』東亜堂書房、一九〇〇年、二三頁。

(38) 前出、六六頁。

(39) 前出笹倉「渋沢栄一『論語講義』原稿剳記（一）論語総説」。

(40) 矢野恒太「袂本論語新刊に就きて」、『ポケット論語』博文館、一九〇七年、六頁。

(41) 矢野恒太「読者諸君に対する希望」、前出八頁。

(42) 前出矢野「袂本論語新刊に就きて」、六頁。

(43) 「学而第一」、『ポケット論語』本文一頁。

(44) 前出矢野「袂本論語新刊に就きて」、六頁。

(45) 秋旻生（池田常太郎）「水曜漫録――近頃ポケット論語の類、多く出版され何れも相当の売れ行き」、『読売新聞』一九一〇年六月八日朝刊、五頁。

(46) ここで、留意しておくべきなのが、一九一八年から刊行が始まった『国訳大蔵経』の存在である。しかし漢文テキストとしての仏教経典の問題に関しては、近代における漢訳大蔵経の編纂・出版事業をふまえつつ、改めて検討したい。なお漢訳仏典の不完全性を指摘し、これに立脚した日本の大乗仏教を全的に批判した人物として、河口慧海（一八六六～一九四五）がいるが、彼の主張は必ずしも主流とはならなかった（桐原健真「河口慧海――求法の道の終着点」、小川原正道編『近代日本の仏教者』慶應義塾大学出版会、二〇一〇年）。

(47) 笹倉一広「渋沢栄一『論語講義』原稿剳記（二）学而第一　一～一〇章」、『言語文化』五〇号、二〇一三年一二月。

(48) もとよりこうした経典解釈が、『論語講義』以前に存在しなかったわけではない。『孟子』を全篇にわたって講義した幕末志士の吉田松陰（一八三〇～一八五九）は、「生、之れを性と謂ふ」（「告子上三」）の箇所について次のような解釈を付している。

今如何なる田夫野老と雖も、夷狄の軽侮を見て憤懣切歯せざるはなし。是れ性善なり。然れども堂々たる征東大将軍より、列国の諸大名より、幕府の老中・諸奉行より、諸家の家老・用人より、皆身を以て国に殉じ、夷狄を掃蕩するの処置なきは何ぞや。（『講孟余話』一八五六年、大衆版『吉田松陰全集』大和書房、一九七二年、三巻二四一頁）

こうした時務論を展開することは、経典解釈の常識からは外れたものであり、さらには経典そのものからも離れてしまっていると言わざるを得ない。松陰が、「まま聖賢の得失を議し、当時の事実を論じたることあり、其の説或は偏執過激に出で、我が輩其の疑を免かれざること之れあり」（山県太華「講孟箚記評語草稿」一八五五年）というような批判を加えられた所以である。しかしそれは、「漢学者」ではなくアマチュアであったらこそ行えた講義であったと言えよう。

第三章　近代中国の「孔教」論と『論語と算盤』

于　臣

一　『論語』解釈の諸相

北京師範大学教授である于丹が二〇〇六年一〇月に中国国家テレビ（ＣＣＴＶ）の教育番組『百家講壇』で行った『論語』についての講話は大人気を博した。彼女の講話をまとめた『論語心得』は一〇〇〇万部売れたといわれるベストセラーになった。自分の講話ぶりについて、于は「厳密な解釈にこだわるよりも、できるだけシンプルな言葉で『論語』のエッセンスを論じることに徹した私の講話には、多くの人々が耳を傾けてくれた[1]」と分析している。しかし、まさに「厳密な解釈」にこだわっていないためか、于の講話は無責任だとされ、于自身も痛烈な批判を浴びたことがある[2]。于の『論語』解釈にかんしては、インターネット上には賛否両論の意見がみられ、古典をいかに読むべきかという議論が一時盛んになった。筆者からすれば、古典の趣旨に忠実に沿いながら解釈すべきかどうかは別として、読み手がいかなる立場にたって解釈するかが、論点の一つではないかと思われる。

『論語と算盤』という名著で中国でもよく知られている渋沢栄一は、自分の『論語』読みを振り返ったさい、学者のとらえ方との相違について、「余は固より学者が論語を研究するやうに、考証的には読まない、唯だ論語の文字の上に孔子の精神の現はれたる処を忖度して読むのが、予の論語の読み方である[3]」と述べている。すなわち、栄一が学者の立場で『論語』を読んでいないことが判明する。

これまで栄一の経済思想を示す『論語と算盤』は数多くの先行研究によって取り上げられている。長幸男は、栄一の『論語』読みは、実に伝統的タームによる栄一自身の思想展開であり、それは日本の実業思想を育てるための行動であると論じている。[4] つまり、栄一が主体性をもって『論語』を読みかえ、日本の実業思想を作ろうとした、という視点である。王家驊は、日本の資本主義精神の育成をめぐって栄一が「伝統的な倫理観と近代的な資本主義精神の結合」を図ろうとして儒学を再解釈したととらえた。[5] これは長の見解と似通っているといえよう。一方、加地伸行は、『論語と算盤』は「人生論でもあり、人間論でもあり、経営哲学でもあり、そして利殖との関わりを中心にして説く道徳論でもある」と論じ、『論語』と「算盤」を関係づける栄一の意図は広くて深いと評している。[6] では栄一の意図は具体的に何を中心としたのだろうか。加地がいうように、『論語と算盤』は人生論をはじめ、多様な角度から理解できそうだが、栄一自身は『論語』のどの側面をもっとも重んじたのだろうか。またなぜその側面に着目したのか。

これらの問題を解決するために、儒教の本場でもあり、栄一の時代とほぼ重なる中国の思想家の『論語』読みを引き合いに出したい。

まず、当時の中国において、『論語』は立場を異にする学者や文人によって色々解釈されたにもかかわらず、栄一のような読み方が見られなかった。では同時期の中国において、『論語』や孔子の学問はいかに扱われたのだろうか。

近代以降、孔子の思想をはじめとする儒教が遭遇した命運について、杜維明はそれを三つの時期に分けて分析している。まず、第一期はアヘン戦争から五四運動までの間であり、西洋文化からの衝撃に直面した儒学の試練期である。次の第二期は五四運動から新中国が成立するまでの期間を指し、反伝統思潮が主流になる。第三期は中国建国後、思想面の自己反省と変革、ならびに海外での儒教の発展期であるという[7]。本章はこういった時期区分を踏まえながら、第一期の辛亥革命以降および第二期を時代背景として設定し、孔子学をめぐる日中両国の比較を試みたい。

一方、その時期の中国（第一期の清朝、第二期の中華民国）において、「孔教」という呼称がさかんに使われていた。そこには孔子の学問をはじめとする儒学全体、とりわけ儒学を封建イデオロギーとして批判する意図が込められていた。本章では『論語』の解釈における渋沢栄一の立場に配慮しつつ、孔子の学問・思想を、ニュートラルな概念、すなわち「孔子学」という用語で示すことにする[8]。

次に、渋沢栄一との比較をするために、中国最後の儒者[9]と称される梁漱溟（一八九三〜一九八八）を取り上げることにしたい。

両者は年齢の差があるものの、彼らの著書の刊行時期は大体重なっている。渋沢栄一の『論語と算盤』は一九一六年に刊行され、『実験論語処世談』（のちに『処世の大道』と改称）および『論語講義』はそれぞれ一九二三年、一九二五年に上梓された。一方、孔子の思想を扱う梁漱溟の『東西文化およびその哲学』および『中国民族自救運動の最後覚悟』は、それぞれ一九二一年、一九三二年に出版された[10]。

なお、前述した『論語』読みの立場にかんしては、梁本人は自分のことを、「学問家」（学者）と区別して「思想家」だと自認した。彼がいうには、「学問家」は博識だが、創造するより「吸収」（知る）ことがメインである。これに対して「思想家」は知識が必ずしも豊富ではなかったが、知ることより創造することを本領とする[11]。換言すれば、梁は新しい思想の創造に重点を置いている。ここからは梁が自分の思想にはいかに自信を持っているか分かる。また、注目したいのは、梁が反伝統の風潮が主流だった時に、積極的に孔子をとらえ、新しい孔子のイメージを作ろうとしたことである。

では栄一はどうだろう。前述したように、栄一も、「考証的」に「研究する」という梁漱溟のいう、いわゆる「学問家」の立場をとっていなかった。そして、栄一は「論語の解釈は孔子本来の主旨に基づき須らくこれをその時代にあてはめて適応するやうに解釈すべきである。古人に拘はり文字に泥むべからず[12]」と述べ、時代に適応するように『論語』の解釈をすべきだという。これは梁のいう「創造」を彷彿とさせる学問の方法といえよう。その「創造」のために、「論語の章句のうちにも時代の関係から今日の世には直其儘適用し得られぬものがある[13]」と、取捨選択の方法を、栄一は取ろうとしていた。

さらに、興味深いことに、栄一が扱う「義」と「利」の関係問題について、梁は、両者は必ずしも対立していないと話し、栄一の立場に近い。それは、一九八八年、香港中文大学で開かれた「中国の宗教倫理と近代化」という国際学術会議において行った梁のビデオ講話である。梁は次のように語った。

商品経済の発展は「利」のみのためだと言う人もいる。一方、中国の伝統は「義利の弁」を強調し、利を口頭にするのを恥とする。よって「義」と「利」は対立しているという。（わたしからみれば―筆者註）「義」と「利」を言うにあたり、その「義」は中身のないものではなく、「利」はその中にある。「義」は「利」の問題を包含している。情理に合う「利」はこれを「義」と呼ぶ。（義と利とは―筆者註）必ずしも対立するものではない[14]。

すなわち、梁のみるところ、「義」そのものには「利」が含められ、「情理」に合致するさいの「利」は「義」と一致しているという。ただ、彼のいう「情理」は何を指すのか。それは栄一が重視した道徳といかなる関係にあるのか。

上記の問題点を念頭に、本章は孔子学をめぐる梁漱溟との比較を通じて、渋沢栄一の独自性を浮き彫りにしたい。

二　孔子学の二つの争点

近代中国において孔子の思想にかんする議論は多岐にわたる。一つは、孔子学は宗教であるかどうかということである。

前述した儒教運命の第一期にあたる辛亥革命[15]前後、孔子の思想を代表する「三綱五常」[16]は封建主義のイデオロギーと見做されていた。しかし、革命が成功したあと、実権を握った袁世凱[17]は孔子尊崇運動（尊孔）を唱導した。一九一二年初頭から一九一六年末ごろまでは孔子尊崇運動の生成、発展、盛期であるとされる。[18]この時期において孔子を教主とする孔子学の国教化運動も康有為（一八五八〜一九二七）およびその弟子の陳煥章（一八八〇〜一九三三）によって推進された。この運動には、ほかの封建的官僚や文人も加わり、「孔教会」、「尊孔会」、「読経会」、「孔道会」などの団体を組織した。[19]これらの運動により、固より保守思想の張本人として批判の的となった孔子のイメージはさらに悪化した。それだけではなく、袁世凱、張勲（一八五四〜一九二三）が行った帝政復活運動はたいてい同時代に行われたので、ますます孔子学に対する世間の反感を買ってしまったのである。

では孔子学は宗教だったのか。『論語』には天命鬼神の存在をみとめたと考えられる文言がいくつかある。たとえば「吾、誰をか欺かん。天を欺かんや」（子罕篇）「罪を天に獲れば、祈る所なきなり」（八佾篇）、「之を亡わん。命なるかな」（雍也篇）、「五十にして天命を知る」（為政篇）、「君子に三畏あり。天命を畏れ、大人を畏れ、聖人の言を畏る」（季氏篇）、「死生、命あり。富貴は天にあり」（顔淵篇）などである。

孔教会はまさにこれらの言葉を利用して孔子を教主とする国教化を狙っていた。陳煥章は「天、徳を予に生ぜしならば、桓魋、其れ予を如何せん」を引用した後、「これはまさに孔子は自分が天の聖子であるという自信を持つことなり」[20]と述べ、孔子の権威を立てようとした。

これに対して、革命派知識人の一部である国粋派学者は異議を唱えた。彼らは封建王朝を打倒する政治革命を主張したと同時に伝統文化への再評価を図った。その代表格の一人である劉師培（一八八四〜一九一九）は『中国白話報』で「孔子伝」を発表し、孔子学の位置づけを分析した。彼は「孔子の学問は元々九流[21]の中の一つで、儒家と呼ばれる。『孔教』の二字に言及した人は誰もいなかった。（中略）『孔教』という二文字はいい加減すぎる」と言い、また「孔子の教育は後世にたいへん影響を及ぼしたので教育の大家である。もし彼を宗教家と見做すならば、それは大きな間違いになる」、「彼の学問も儒家の一つである。強引に彼を聖人先師と呼ぶことは行き過ぎである」[22]と述べている。すなわち、孔子を教主、宗教家、聖人としてではなく、普通の教育者として見ている。一方、孔子がどうして政治に利用される羽目になったのか、その深い要因について、劉師培は孔子の弱点を指摘した。つまり、孔子は民権より君主の権利を強調した。[23]もう一人の国粋派学者章太炎（一八六九〜一九三六）は孔子が仕官等で富貴利禄を追及する思想の持ち主であるとみている。[24]なお、後者も孔子を教主としてはならないと語った。[25]

実は、劉師培の視点は本章がとりあげる孔子学のもう一つの争点に関わっている。それは孔子と後世儒教、とくに宋代以降の性理学（宇宙の原理としての理を究明し、人間の本性を明らかにしようとした学問）との関係である。劉師培は孔子学を諸子の一流派の儒家として位置づけ、後世儒教と区別した。興味深いことに、先述した陳煥章は、孔子の無上の権威を立てるために儒教というものが孔子によって創始されたと断言した。彼は、「儒」という文字は元々一部の文人の通称だったが、孔子の宗教創立によって、特殊の名詞となったという。さらに彼は、「教」について「中国の教という文字はもとより宗教、教育、教化という三つの意味を持つ。これらの意味をすべて含んだ『孔教』だけが偉大だ」[26]と指摘する。儒家は孔子が創始したものかどうかが現在でも論争点の一つだが、[27]わざわざ孔子を、儒教の発展史の中からピックアップして、その絶対な地位をアピールせんとする孔子尊崇派の本領がうかがえるだろう。これに対して、劉師培のような国粋派学者は孔子の宗教性を鋭く否定したのである。

時代が下るにつれて、孔子学が徹底的に批判されたのは、一九一〇年代に起きた新文化運動がきっかけである。当時、陳独秀（一八七九〜一九四二）ら新文化運動の旗手たちは「民主」と「科学」という理念を抱き、孔子学問およびそれ以降の儒教全体を非難した。そのなかで、陳独秀は次のように孔子を批判している。

孔子は封建時代に生まれ育った。彼の提唱した道徳は封建時代の道徳である。（中略）封建時代の道徳、礼教、生活、政治が奉仕した範囲は少数の君主や貴族の権利と名誉に過ぎず、大多数の国民の幸福には役立たない。[28]

つまり、陳は孔子を封建時代の封建道徳の鼓吹者として批判した。かくして、中国全土で引き起こされた反伝統思潮のなかで孔子学は壊滅的な打撃を蒙ったのである。

三　梁漱溟の「人生実践の学」

以上、『論語』を座右の銘としつつ、日本の経済的近代化に働きかけた渋沢栄一の時代とほぼ重なる近代中国における孔子学の運命を概観してきた。そうした反伝統思潮の最中に孔子学をみとめ、その新しい価値を見出そうとした人物が現われた。梁漱溟である。

梁は中国現代新儒家の第一世代を代表する重要な人物とされる。[29] 彼は一〇歳のころ、父親の実用・実利重視の思想から影響をうけ、西洋の功利主義に近い価値観を抱いていた。すなわち「利害得失をもって是非善悪を判断し、是非善悪が利害得失の下位概念である。人生とは苦を去り楽に就き、利に趨り害を避けるのみである」[30] というように、利害関係や得失を重視している。しかし、その後、梁はこれまで信奉していた功利主義では肯定の対象であった欲望を迷妄と判断して仏教へと転じた。彼は言う。

> 利害といい得失といっても、最終的には苦と楽に帰着するのではないだろうか。（中略）では苦とは何で、楽とは何か。私は一つの真理を見出した。苦と楽は外部のものではない。（中略）人が欲する所を遂げるときは楽、遂げないときは苦である。欲望は通常、我々の意識によって表される。苦と楽は意識によって変化する。（中略）人生の基本は苦であるという結論を得た。（中略）すべての問題は外部ではなく、人類の生命自身から生じたものなので、外部にその問題解決を求めることが最も一般的であるが、根本的な錯誤である。（中略）欲望を肯定することから一転して、欲望を迷妄と判断するようになった。[31]

つまり、梁からみれば、欲望というものは、苦と楽につながる人間の意識によって左右されるもので、外部に頼るべきではなく、自分自身に問うべきだという。だが、一〇年間にわたる仏教心酔の後、二七歳前後、梁は儒家に転身した。[32]『論語』がそのきっかけであった。

梁漱溟は、「『論語』全体は『苦』という字は一つもない。始めから悦楽という字が現われ、その後、『楽』の字は至るところで見当たる。その語気は自然で、文体も親しみやすい。楽の字は数えきれない。これは私の興味を強く引いた。その後、これまで人生に対する間違っている見方は正され、次第に正確な認識を持つようになった」[33]と述べ、「楽」にフォーカスしたものとして『論語』を評価した。なお、彼は「孔子は（中略）生機横溢して天機活発（中略）一時たりと楽しまぬときはないのだ。このような楽しみは（中略）自ら会得した楽であり絶対楽である」という。[34]ここから、梁は「楽」という視角で『論語』をとらえていることが判明する。なお、「楽」以外に、彼は孔子の「生」（生命）への重視を発見した。

孔子が生（生命―筆者註）を賛美し愛でる逸話は多い。例えば、（中略）天何をか言うや、四時行われ、百物生ず、天何をか言うや。（中略）このような類の言葉は（生―筆者註）を讃嘆して止まないものである。この「生」という字が最も重要な観念である。このことを知れば、孔子が論じようとしたことを直ちに理解することができる。孔子学はほかでもなく、ただ自然の道理に従って活発、スムーズに発展することだけを言っている。彼は宇宙がいつも前に向かって発展していると思っている。万物の成長は、その本性に任せ、作為を加えなければ、かならず宇宙と軌を一にし、そして宇宙内いっぱい生気がみなぎることになる。(35)

つまり、梁からみる孔子の学問は、作為のない、楽しい、生き生きとした生命の哲学であるといえよう。また彼は「私の根本理念は生命・自然であり、宇宙を生きたものとし、すべて自然のことを骨子とする」(36)という。したがって、梁の孔子学へのとらえ方をみる場合、こうした生命・生活の学問への彼の着目をまずおさえておく必要があるだろう。しいて、孔子学に一つの学名を与えるなら、彼は「孔子の学問は外在の事物や知識の学問ではなく、哲学幻想でもなく、彼自身の生活のなかで前に向かって努力する学問である。この学問は人生実践の学と名付けられてもよい」(37)と言い、「人生実践の学」として孔子の学問を定義したのである。

実際のところ、「文化」および「生活」という概念を定義したとき、梁は独自の視点を提示している。

文化とはある民族の生活様式にほかならない。では生活とはなにか。生活とはすなわち尽きざる意志・意欲であり、その不断の満足かつ不満足である。(38)

梁のみるところ、文化は「生活様式」そのものであり、そして「生活」は、前述した彼のいわゆる、「苦」と「楽」に直結する「欲望」の「不断の満足」と「不満足」である。彼のこうした思想はベルクソンの生命哲学からの影響が大きい。

梁はベルクソンの思想を評価するにあたり、「（ベルクソンは次のように語っている―筆者註）宇宙の本体は固定した静体ではなく、生命であり、持続である。宇宙現象とは生活のなかに現われるもので、感覚と理智によって認識せられ静体があるかのように思いなされるものである。（中略）このように語ったのは彼が最初である。先人を飛び越えて独自の路を切り開き、説得力がある[39]」と述べている。先述した、彼の「文化」「生活」への意味づけと合わせて考えれば、ベルクソンのいう「宇宙」や「生命」、ならびに「持続」という言葉には、梁が非常に共感を覚えたのだろう。

では具体的に、梁はどのように人生実践の学として孔子学をとらえていたのか。次に右記の争点をベースにしつつ、渋沢栄一との比較考察を試みたいと思う。

四　渋沢栄一と梁漱溟からみる孔子学の争点

まず、渋沢栄一は孔子学の宗教性について、井上哲次郎と阪谷芳郎との弁論をとりあげ、「八佾篇の『罪を天に獲れば、祈る所無し』と明言せられたるに徴すれば、孔子が天を深く信じ、之を其信条とせられた事自から明かである。則孔子の教は慥に半は一の宗教なりと断定せる井上博士の説も尤もな所がある。之に反対する阪谷博士の説は。凡そ宗教といふ宗教には必らず祈祷礼拝の形式を備へざるは無し。而るに孔子教即ち儒教には此形式を備へず。故に之を宗教視すべからずといふに在り。未だ遽かにその是非を断定すべからずと雖も、余は儒教を以て宗教なりと信じて居らず、唯実際身を修め世に処するに方って、人の人たるべき規矩準縄を説き視めされたる教として之を循守し、論語の所説に従ふて実践躬行を努めて怠らざるのみである」[40]と述べ、孔子学が宗教ではないとしていた。ここで、彼は宗教からの視点ではなく、「実際身を修め世に処する」、いわゆる処世法として孔子を読んでいることが判明する。

一方、渋沢栄一と同じく、梁漱溟もきっぱりと孔子学が宗教であるということを否定した。彼は、孔子学は宗教のような儀式があったとしても宗教ではないとしていた。それに孔子学は宗教のような独断（Dogma）もなければ、迷信も世俗外の傾向もないという[41]。

この視角によりつつ、彼は康有為および陳煥章の唱えた孔教論に対して次のように痛烈な批評を行っている。

彼（康有為—筆者註）が作った『大同書』は未来の世界のために種々な考え方を記し、一つの円満な世界を想像している。グループの連中はそれを至宝とし、賞賛してやまない。わたしはただそれがだらしないと思う。彼らはもともと孔子の意味を得ておらず、貪欲嫉妬の私情をいっぱい文章に表し、その見解は墨子、西洋の学問と同じく浅薄である。（中略）その後、物質救国論云々、数十年来、孔子の名を冒し、完全に孔子の精神を失った。その弟子である陳煥章は孔教会を作る。我々はいわゆる孔教というものをみたら、おかしく思わざるをえない[42]。

ここで、梁は孔子の精神を冒涜しているとして、孔教論を批判している。あきらかに、彼は宗教の色彩を帯びる「孔教」という言葉に違和感を覚えていたのであろう。なお、「貪欲」にかんして、梁は陳煥章の募金のことを思い出して、次のように回想している。

陳煥章は北京の西単で部屋を購入しようとした時、お金をほしがっていた。彼はそれを「勧募款」と名付け、しかも募集条例も一つ作成した。たとえば、五万元を寄付すればこうなるとか、一〇万元を寄付すればああなるとか、まったく名利を狙う低俗の心によるものである。[43]

つまり、梁は名誉および利益を貪る下心があるとして、孔子の国教化を目指す孔子尊崇派を批判したのである。ここからみれば、孔子学を宗教として認めない点において、梁の視点が栄一と案外に一致していることが分かるだろう。

それだけではなく、渋沢栄一と梁漱溟は孔子学を、その後の宋学と切り離して理解する点においても似た見解を示している。

渋沢栄一は「孔子の教は何処までも実行を重んじたもので別に高遠難渋な処がない。それを後世の学者が注釈を加へて種々と六ケしい説を並べ立て、（中略）是に於て学問と実行と分離して全く別々のものとなったのであるが、朱子学などは殊に此弊がある」[44]という。また「理を以て聖言を解釈せんとするは宋儒の通弊にて、孔夫子の意と全くあひ反す。孔夫子の学は平易明白、入り易く行ひ易き実説にして、空理を説かれたることなし。論語中に一つの理の字なきにても知るべし」[45]と批判した。ここでは明らかに栄一は孔子学の卑近さおよびその実践性に着目している。これに対して、朱子学をはじめとする理学は実際の行動から離れる「空理」に過ぎなかった。

一方、梁漱溟は、孔子は人生の話をするが、宋学のいう性理にあまり言及しないと捉えている。そのうえ、彼は、宋代以降、儒教には固い教条主義がみられ、多くの場合、それらの教条は人々に無理やり押し付けられたとみている。[46]なお、彼は、「三綱五常」は孔子の根本的精神ではないとみている。[47]それより、梁は、孔子の学問の本質は生活面にかかわるものであるとし、弟子たちが孔子に憧れたのもこの本質によるものであるという。[48]これはあきらかに彼の持論である「生活」、「生命」哲学への重視と通底しているといえよう。いずれにしても梁は栄一と同じく、宋学の弊害を指摘し、孔子学にたち戻ろうとする立場が判明する。

五　渋沢栄一の『論語』読みと商工業立国思想

以上、二つの争点をめぐる渋沢栄一と梁漱溟の見方は一見して似たようにみえるが、その見方を裏付ける両者の着眼点は必ずしも同様ではない。では両者はそれぞれ、何のために孔子学の読み直しにチャレンジしたのだろうか。渋沢栄一は孔子の宗教性にふれた時、「孔子に対して信頼の程度を高めさせるところは、奇跡が一つもないという点である、キリストにせよ、釈迦にせよ、奇跡が沢山にある、（中略）これ（奇跡―筆者註）を信ずれば迷信に陥りはすまいか、（中略）しかるに孔子にこの忌むべき一条の皆無なのは余の最も深く信ずるゆえんで、またこれより真の信仰は生ずるであろうと思う」と述べる。[49] ここでいう「真の信仰」は、宗教に縋り付く信仰心よりも強靭なものだと理解できるだろう。つまり、栄一は自分の『論語』読み、もしくは「義利合一」論には絶対な自信を持っていたと思われる。言い換えれば、彼は『論語』の再解釈を通じて自説の正当性をアピールしていたと言えよう。

では、栄一はどうして『論語』の再解釈を行ったのだろうか。結論から言うと、これは彼の商工業立国思想によるものである。すなわち、彼は『論語』の読み直しによって、「利」を求める商業経営の正当化を目指し、商工業の地位を向上させようとしたのである。

栄一が商工業を重視するようになったのは、一八六七年のパリ万博を契機にヨーロッパを回った体験がきっかけである。回顧録の中で彼は、当時ベルギーのレオポルド二世が日本に鉄の購入をすすめたことに対して、「当時に於ける私共の思想としては、苟も一国の帝王として商売の事にまで言及されるのは、余りに如才のなさ過ぎ且つ商売気があり過ぎるやうに思はれたが、其の言はれる事は全く同感であり、且つ其の態度の頗る平民的であるのには大いに感心した。国王にして既に此位の考へがあるから、一般国民は勿論産業に対して冷淡であらう筈がな[50]」いと感動したのである。また彼は「維新以前に欧羅巴へ一年ばかり参って、彼地の有様を観察しましたが、（中略）殆ど国家といふものは、商売とか工業とかいふものが基礎になって、（中略）其人の重なるものは何んであるかと云へば、即ち生存上最も必要なる実業である。此実業の力を強めるのが、即ち国の富を増し力を殖すのである[51]」と回想した。すなわち、ヨーロッパでの体験は彼の商工業立国の思想を形成させたといっても過言ではない。

一方、日本の商工業現状について、「我国では封建の余弊で実業家を所謂素町人と呼んで、士農工商四民の最下位置いた思想がまだに去らず[52]」と記されている。つまり従来から商人は「素町人」と蔑称されていた。そして、「封建の余弊」に関連して、栄一は「封建の時代に在りては商業の大部分は概ね其の藩主の管理する所と為れり、（中略）皆政権を有する者の兼ねて経営せし所なり、故に商業の区域は封建時代に在りては極めて狭少にして（中略[53]）」と述べ、政治との関連で商業エリアの狭さをまず指摘した。また農工商を圧制する封建制度について、彼は「治者と被治者の別を明確にし、被治者をして少しも治者の権限を犯さしめざるは武断政治の常套手段なり[54]」と論じ、治者による民衆統制のため、商人が圧制された存在だったとみている。

ただ、当時の日本商人の問題、たとえば、道徳面の卑屈さについて栄一は見落としていない。彼は「偶々財産のあるものは守銭奴となった、僅かに銖錙の利を争ふて日を終るに過ぎんのである、苟も道理とか、人間の本分とか云ふことを顧る者はない、況や国家抔と云ふことは頓と知らぬ、国尽しと云ふ書物は読んで居るでありませうが併し国家と云ふ観念は全くなかった[55]」と言い、商人が「銖錙の利」を争いに拘り、国家観念を持っていないと指摘した。

かくして、商工業者の社会的地位を向上させることは渋沢の主要な課題となった。そのためには、商工業発展の意義を強調しなければならなくなり、賤商意識を根本的に打破する必要が出てくる。そのために、栄一は儒家倫理道徳の新たな解釈から始めようとした。その具体的な行動として現われたのは、まさしく「道理」の基準たる『論語』読みである。そのなかで、栄一は孔子と後世儒教との関係について、次のように語った。

此孔孟の訓言は義利合一にあることは確実なる証拠がある、決して利益といふものが仁義と背馳したものでないことは明かに解って居るが、後世の学者（朱子学者―筆者註）は誤って富といふものは兎角仁義忠孝或は道徳と引離れたもの、如く解釈をした為めに、大に漢学といふものが世の中に疎じられるやうになった。若し又実際其通であったならば、漢学の必要といふものは失くなって、漢学は唯一の心学になってしまふ、心学といふもの、みで世に活用せぬものであったなら、孔子の教は少しも尊敬するに足らぬと私は思ふのであう。（中略）諸君と共に今の利用厚生と仁義道徳とを併行させることを一の主義として、此主義の下に立ち、益々之を拡張して行きたい（中略）[56]。

ここで栄一は「義利合一」論を掲げているが、その説明として朱子学が孔子の思想を誤って解釈したという。栄一からすれば、もし「富」への視野がなければ、漢学が無用な長物になり、孔子はまったく尊敬に値しないことになる。この利を重んじる意味で渋沢はいわば功利主義の立場で孔子学をとらえているといえよう。言い換えれば、栄一は孔子の学問を朱子学と切り離すことで、自分がイメージした「義利合一」論を唱導したのである。

一方、前述した、孔子学の国教化を唱えた中国の文人たちは、「義」と「利」の関係を論じたさい、「蓋し利という文字が人々を惑わすことは最も深刻である」、「われわれのいう孔子の宗教は（中略）『大学』がいう『義を以て利を為し、利を以て利を為さないことである[57]』と述べ、反功利主義的理念を貫いていた。

六　梁漱溟の孔子学と「人生の三大路線」

前述したように、梁漱溟は「義」と「利」の関係を論じるさい、「情理」という用語を用いていた。次に孔子の学問をとらえている梁の着眼点を検討してみよう。そのために、まず梁の持論である「人生の三大問題」論および「人生の三大路線」論をおさえておかなければならない。

梁漱溟のみるところ、人生の三大問題はそれぞれ、(1)満足できるもの（人対自然の問題）、(2)満足の可否が確定できないもの（人対人の問題）、(3)絶対に満足のできないもの（人対自身の問題）、である。[58] この三大問題の解決にあたり、彼は次のような三大路線を考えた。それは、(1)問題の解決に直面し、努力すること、(2)問題の解決に向かわずに意欲を調和させて境遇に安んじること、(3)問題そのものをなくしてしまうこと、である。梁はそれぞれ、第一路線を西洋文化、第二路線を中国文化、第三路線をインド文化にあてはめて、世界のすべての文化をこの三つのパタンに類型化しようとした。たとえば、第一路線の西洋文化において、その物質文明は自然に対する不断な働きかけの結果であるという。次に第二路線の中国文化は物質面において西洋に劣っているが分に安んずる、寡欲、節制の特徴がある。最後に第三路線のインド文化は宗教に対する異常な熱狂さがあり、生活からの解脱を求めがちだとしている。[59] 梁は、人類は基本的に順番にこの三つの路線を歩むと考えている。ただ、中国とインドの場合、もともと第一の路線を歩むはずの両国は、あとにくるべき路線を歩んでしまったのである。この現象を、梁は「文化の早熟」[60]だと説明している。彼は、儒家および仏教は人類生活の歴史的発展の中からみれば、ともに未来の産物であるとした。なお、世界文化の主流を展望すれば、中国文化が近い将来、復興するはずだと、梁が断言している。[61]

筆者からすれば、梁はまさしくこうした三大路線の発想に基づきながら、伝統を批判する当時の社会情勢の中で、中国の伝統文化、殊に孔子学を生かそうとしていたのではないかと思われる。

次に、本章で扱う孔子学の二つ目の争点、すなわち孔子学と後世儒教との関係について、梁は「周孔教化」という言葉を使っていた。つまり、中国数千年の伝統文化は、周公（礼楽制度の作成者）と孔子（礼楽制度の解釈と民衆教化の担当者）によって作られたもので、「周」は周公以前の人物を、「孔」は孔子以降の人物を代表する。孔子以降の人物にかんして、梁は、孟子は孔子を継承し、王陽明は孟子を継承した言い、朱子学（宋学）には触れなかったのである。[62] 何故、彼は孔子以外に孟子および王陽明を評価したのか。

まず、陽明学、とりわけ泰州学派の王心斎（一四八三～一五四〇）[63]は仏教から儒教への彼の転身を促した。梁は言う。

> 私はかつて一時期、仏教学に心酔していた。その後、儒学へ転身した。儒家に入った当初、私に一番大きな啓発を与えてくれたのは、明代儒者の王心斎先生である。彼は最も自然を賞賛している。（彼のおかげで—筆者註）私は儒家の意味を理解することができた。[64]

すなわち、「自然」のことを重視した点で、王心斎の思想は梁に感銘をあたえたのである。前述したように梁漱溟は、自分の根本理念が「生命」および「自然」に根差しており、すべて「自然」のことを骨子とすると言っている。それだけではなく、彼はまた王心斎の「楽学歌」（学を楽しむ歌）を取り上げて評価する。

> （王心斎がいうには—筆者註）楽はこの学問を楽しむこと。学はこの楽しみを学ぶこと。楽しまないことは学ぶことではなく、学ばないことは楽しむことではない。（中略）ここの「楽」は内心から深く研鑽しつつ、会得し

たものであり、外部から得た「楽」とまったく次元が異なる。（この二つの「楽」は―筆者註）恰も生活上の二つのルートのようである。

つまり、梁からみれば、王心斎の「楽」はまさに彼自身が憧れていた、『論語』にある「楽」のことである。そして、彼は王心斎の「楽」に基づきながら「欲望」のことに触れながら人生の路線を三つにまとめた。⑴欲望を肯定し、欲望を人生のすべてとすること、⑵欲望が衆人の迷妄であるので、欲望を否定すること、⑶人類はその他の動物と異なるため、欲望の罠に陥らないことが可能だということ、である[65]。この三つの路線が、それぞれ前述した人生の三大路線の第一、第三、第二路線に当っているのはいうまでもない。なお、既述のごとく、梁は仏教の世界に転身したとき、欲望を「苦」と「楽」につながる人間の意識によるものとしており、それは外部にたよるではなく、自分自身に問うべきものだと語っている。この「自分自身に問う」ことは、まさに彼の引用した王心斎の内心面の「楽」のことではなかろうか。

そして、孔子学の一つ目の争点に関連して、ここで注目したいのは、梁が「周孔教化」は宗教ではないと断言したことである。その理由は、孔子が人類の理性を啓発したからだという。つまり「孔子は必ずしも宗教を排斥・批評していないが、彼は宗教の最も力強い敵である。なぜなら、孔子はもっぱら人類の理性を啓発するために工夫したからである[66]」、また「孔子には宗教が備えられない一つの精神がある。それは、彼が人間の誰でも理性を持つとし、人間そのものを信じていることである[67]」と言い、理性の開発における孔子の貢献を評価した。さらに、梁は、宗教と異なる孔子学の趣旨は、人間になにかの教条をあたえるものではなく、ただ人間が自ら理性を見つけ出すための反省を促すことにあるとしている。さらに、彼はこういった理性がほかの諸国よりさきに発展してきたのは、まさに中国文化の早熟であるといい、あらためて「文化の早熟」論を披露した。

では「理性」とはなにか。梁からみれば、それは無私の感情（Impersonal Feeling）であり、調和のとれる、清らかで安らぎの心を意味する。[68] なお、こうした理性の存在により、これまで疑う余地がないとされる、すべての古い習俗や観念にあった独断的なところが消え、何かあった場合、人々は「情理」に配慮しつつ取り計らうことになったという。[69] 前述した「情理に合う「利」が「義」である」という梁の言説と合わせて、「情理」をみてみれば、それは決まった、栄一のいう道徳規範ではなく、実際の状況に合わせながら考える条理の意味であると理解してもよかろう。

先述のとおり、梁はベルクソンを評価しつつ、宇宙の本体を「固定した静体ではなく、生命であり、持続である」ものとし、なお「生活とはすなわち尽きざる意志・意欲であり、その不断の満足かつ不満足である」というのは、彼の、止まることなく生きている学問観を表しているといえよう。ならば、「義」と「利」の関係処理はまさに彼が孔子学を人生実践の学としてのダイナミックな側面に着目した結果であると思われる。

一方、反伝統思潮のなかで道徳教化の性格が過度に強調されたため、孔子学は封建イデオロギーとされたのではないか。梁漱溟がこの点に気付いたのはいうまでもない。いずれにしても梁のこういった着眼点は、「経済道徳一致説」を唱導した栄一の道徳面への着目とは好対照である。

ほかに「義」と「利」にかんしては、梁漱溟は次のような言論を残している。すなわち、「孔子は利害関係にこだわらない」[70]、「理欲の弁、義利の弁は古代から思想界の大問題である。とくに社会生活に大きな影響を及ぼしている。この類のものは、あらゆる意味で社会経済の発展を妨げた」[71]と。ここからみれば、梁は栄一ほど「義」と「利」の緊張関係に焦点をあてていなかったようだが、中国の社会経済は「理」か「欲」か「義」か「利」かにかんする理念上の論争によって立ち遅れたことを認めてはいる。

では梁漱溟は渋沢栄一のように富国のために、商工業立国の理念、もしくは資本主義生産に同調したのか。そうではなかった。梁はほかの国のモデル、たとえば第一路線の西洋文化は必ずしも中国には通用せず、中国は今後、自国ならではの道を歩むしかないとしている。

七　梁漱溟の生命哲学と郷村建設理論

なら、梁からみれば、どうして日本や欧米式の商工業立国の道は中国には通用しなかったのか。彼は、中国の現実に配慮しつつ、次のように述べていた。すなわち「西洋が猛烈な勢いで侵入してから、中国はすでに資本主義の道を歩む余地がなくなり、社会主義の道を選ばざるを得なくなった」[72]と。ここで、梁はまず、中国の発展モデルにかかわる外部要因をはっきりと指摘している。しかしながら、すべて西洋による圧力のせいにすべきではない。なぜなら近代の日本も同じく西洋から圧迫されたことがあるからである。ではどうして日本は中国より早く発展したのか。梁漱溟は日中両国の発展ぶりの格差をみとめたうえで、その原因を分析した。彼は日本と中国の社会構造（政治や社会制度、社会秩序、人間の条理）が異なるからだという。彼からすれば、日本は明治維新以降、政局と社会が安定していたため、順調に西洋の長所を取り入れ、資本主義商工業の道を邁進した。これに対して、近代以降の中国は、手工業はもちろんのこと、農業も破壊されたという。そのなかで、商工業者たちは、事業の発展を望んだものの、結局発展を遂げるどころか損失を被り倒産したケースが多かった。梁は、それは中国社会における秩序の無さに起因しているととらえている。人々が一つの社会のなかで暮らすからには、秩序、条理がなければ生活が順調に進まない。これまで中国を悩ませた最大の問題は内戦および内乱であるという[73]。

では いかに中国の新しい秩序を作ればよいか。梁漱溟は次のようにいう。

中国の新秩序建設にむけて幾つかの原理、原則と方針は見出されたように思う。そこで、どこから着手するかだが、それは郷村である。中国は家が集まって郷となり郷が集まって国になった。組織を作るのに家ではあまりに狭すぎるし、一挙に国というのも広すぎる。そこで郷という単位が最適となる。（中略）。これはまた理性から組織を求める主旨にもかなっている。理性による組織化は都市では難しいが、郷村には適していると言い換えてもよい(74)。

ここで梁が組織のあるべき規模に触れ、郷村（農村）が最もふさわしいと言っている。さらに注意したいのは、農村から着手する理論的根拠、すなわち、前述した「理性」のことである。この「理性」と関連付けながら、梁漱溟は中国における農村建設の必然性を呼び掛けるために、次のような四つの面を取り上げつつ、農民と商工業者との比較を行った。

第一の面――農民と商工業者を較べてみると、その職場環境の影響から、性情の違いが顕著に見られる。大自然に接している農民は、気持ちが広くのびやかである。商工業者は人口の密集する都市に住んでいつも塀に囲まれているせいか、せせこましく不自然である。農民の広くのびやかな自然さは理性の開発に適している。

第二の面――農民は生き物が相手である。動植物はまるごと一つにまとまった、活きいきとした物である。（中略）西洋では商工業が分析解剖の愛好を生み、すべてを機械的に分割して見ようとする。これはまさに理智の働きである。中国の農民は動植物の生きざまから、溌剌とした活気を感じて生きている。これこそ理性であり、（中略）自然活発の温い情感である。

> 第三の面――商工業者はいつも忙しく慌ただしいが、農民はゆったりと落ち着いている。（中略）商工業者は、（中略）急げばそれだけ金になる。金になるからまた急ぐのである。農作物はこうはいかない。自然の節気とともに進むしかない。これが農民のゆったりと落ち着いた性情を育てた。（中略）商工業者は、一日中いそがしく追いまくられて、いつも貪欲追求の渦中にいる。（中略）郷民は理性を開発しやすいことが分かると思う。
>
> 第四の面――（前略）農業は家庭を堅固にし、商工業は家庭を破壊すると言える。家庭というのは人の性情を養うものである。情感の豊かな者は家庭を思い、家庭はまた情感を育む。これはわれわれの意図する情宜の組織と大いにかかわる。[75]

ここで、梁漱溟は農民の性情、農業の性質、ならびに農村の環境の特殊性を論拠に、人間の理性を育てるための農村建設の必然性を力説したのである。とりわけ、「農民は生き物が相手である。動植物はまるごと一つにまとまった、活きいきとした物である」という文言は、前述した彼の生命の哲学とは一脈相通じるものがあるだろう。また商工業者に対して、「貪欲追求の渦中にいる」と評している梁の立場は栄一とは好対照だろう。栄一は商人の「貪欲」を制御するために、『論語』の再解釈による倫理観念を樹立せんとしたのに対して、梁は農村の建設を優先することで、商工業問題の解決を目指していたのだろう。では郷村の建設および自治で直面した「義」「利」の問題は、梁漱溟はいかに扱っているのか。彼は利益の概念の説明から、郷村建設理論を展開した。

> 利益とは生命の活動を高め、生命の活動に益することでなければならない。もちろん適量の物質、適度の休息は生命の活動に不可欠であるが、これらは周辺の条件にすぎず、利益そのものとは言えない。（中略）心なご

ませる人の情ほど生命の活動を高めるものはない。利益と言えばこれこそかけがえのない根本的な利益である。これを損えば、有形無形の損失はどれほどあるか知れない。仕事をする楽しみは生命活動の源泉である。[76]

ここで、利益を生命の活動に直接結びつけているのは彼ならではの「生」の学問の表われである。また「楽しみ」を「生命の活動の源泉」とすることは、「楽」による孔子学のとらえ方と通底しているといえよう。なお、「心なごませる人の情」とは、彼の「理性」概念とつながっているものだと思う。では理性による組織の結成はどうして都市では難しいのか。これについて、梁漱溟はさらに農村と都市との比較を兼ねて次のように述べた。

第一の面――郷民には一種の郷土意識が強い。村そのものを自分の家と見なすような気持ちは、都市では生じにくい。（中略）都市では隣近所の付き合いが薄い。（中略）郷村では誰もが隣近所と親しい関係で結ばれているので、情宜を基調とした組織が作りやすい。（中略）都市では付き合いが薄いため、狭い利己心にとらわれやすいが、郷村では公共の意識も起こりやすい。

第二の面――中国の伝統的社会は一種の倫理社会、情宜社会であった。この気風は郷村にはまだ少し残っているが、西洋の風潮――個人本位の気風――が最初に入ってきた都市では、すでに見る影もない。

第三の面――郷村は本、都市は末。郷村はもと人類の家、都市は目的をもって作られた仮の宿である。よって正常な人類文明を求めるなら、郷村より着手し、理性によって組織を作るしかない。（中略）都市に重心を置くのは誤り。（中略）郷村が発展すれば都市もまたそれだけ発展する。

第四の面――新しい政治習慣を育てるなら小範囲――郷村――から始めるべきだ。(中略) 新しい政治習慣とは、集団の一員が集団の出来事に対し関心と注意を払うことである。(中略) 郷民の考えは単純で、感覚にまかせて観念を働かせない。ために注意力の及ぶところもせまい範囲に限られる。郷村から着手すべき理由の一つである。次に、(中略) 行動力の養成が必要となるが、さてどのように養成すべきかとなると、やはり行動の影響が見てとれる小さい範囲――郷村――から着手するのが手ごろである。あまり広い範囲では動きづらいし、畏縮してしまうからだ。[77]

明らかに、梁は西洋の個人本位思想を批判しつつ、中国伝統の「倫理社会」もしくは「情宜社会」の復帰を期待していた。そのなかで、彼は人情味豊かな農村社会に着目し、農村こそ人間の究極な故郷であるという。さらに民衆の政治習慣について、梁は都市部より農民の政治自覚および行動力を養成することは実現しやすいと楽観的にとらえている。

八　孔子学の意義

孔子の言葉は、梁漱溟が指摘したように「同一のフレーズでも幾百幾千の解釈が可能[78]」である。したがって、孔子学は読み手の立場次第でフォーカスされたところが異なる。于丹の『論語』解釈はもちろんのこと、近代中国における孔子尊崇派、国粋派学者、新文化運動派もそれぞれの立場でそれぞれの孔子像を思い描いている。

反伝統思想の中で、中国の最後の儒者とされる梁漱溟は「孔子の真意は私が主導で唱導しなければ出世する目途がないだろう[79]」と言い、孔子の真意をアピールすることを自らの使命とした。彼は祖先の文化でもある孔子学を、農村の建設および自治の立場で読み直そうとした。そのなかで、彼は孔子学を人生実践の学として、「生」や「楽」、「理性」という用語で、再解釈することで、新しい孔子のイメージを創ったのである。梁漱溟との比較で、元々農業国だった中国を発祥の地とした孔子学、とりわけ『論語』を座右の銘として、農業の立場ではなく、商工業立国の理念に基づきつつ、「義利合一」の可能性をそこから読み取れている渋沢栄一の器量と独創性をあらためて評価すべきだろう。

一方、梁漱溟は商工業の発展を推進する西洋式の発展モデルに対して、その限界を指摘している。すなわち、「近代西洋人が歩んだ道は、内部において、階級闘争社会を生じさせ、外部においては世界大戦を誘発した。実は変態の文明である」(80)と。そして、その病根について、彼は「西洋社会の病弊は、政治経済の大権が都市の手中にあって、しかも重心が都市に集まっていること。これは不安定な偏った社会である」(81)と述べ、農村の発展を軽視した西洋社会の歪みを把握している。ここからみれば、梁は中国の農村の問題だけでなく、西洋文化を含め、全人類文明の発展の行方にも強い関心を持っていることが分かる。彼はいう。

西洋人が利己的な、前に向かう態度をもつようになってから、人と自然、人と人との間に隙間が生じてしまったことを指摘したが、(中略)彼らのあの理智の分析的頭脳が宇宙のすべてをその範疇のなかに取り込んで物質と化したことによって、自然は単なるかけらの堆積、人もまた自然のなかの、かけらを合成したにすぎないものと見做されるようになり、融合一体の宇宙とそこに深く潜められた精神は消えてしまった。くっきりとわかれてしまった人と人との境界線、幾重にも取り巻く利害の渦、分裂、対抗、競争。(中略)自分以外は他人か敵か、というこんな冷淡でつまらない宇宙のなかで、生活の楽しみは根こそぎ失われる。死ぬほどつらい境遇である。彼らは前に向かってすすみ、ひたすら外にむかって求め、自分を荒廃させ、精神を喪失した。(82)

ここで、梁漱溟は物質文明を求める西洋文明の発達によって、人間と自然、人間と人間の間のバランスが崩れ、生活の楽しみも精神（人情）も失われているとみている。これは我々現代人も直面している問題でもある。これらの難問を解決するために「人生実践の学」として孔子学を読み替える梁漱溟のアプローチは、我々に大きな示唆をあたえたのはいうまでもなかろう。

註

（1）孔健監訳『論語力』講談社、二〇〇八年、二二一〜二二二頁。

（2）二〇〇七年三月、北京中関村の大型書店で開かれた于丹のサイン会場で、抗議のために「孔子很着急、荘子很生気」（孔子はイライラしており、荘子も非常に怒っているぞ）という文字を毛筆で書き込んだTシャツを着た男性が会場で暴れ、警備員に取り押さえられるという事件が起きた。なお、同月に清華大学、北京大学など全国から一〇名の大学院生が「于丹流をとことん批判する」という共同声明を出し、于丹に『百家講壇』からの引退と視聴者への謝罪を要求した。〈http://www.southcn.com/nfsq/ywhc/ws/200703070184.htm　2016年9月8日10時40分アクセス〉。

（3）『実業訓』東京成功雑誌社、一九〇九年、四九頁。

（4）長幸男編集『実業の思想』現代日本思想大系一一、筑摩書房、一九六四年、二〇頁。

（5）王家驊『日本の近代化と儒学』農山漁村文化協会、一九九八年、二五五〜二五六頁。

（6）渋沢栄一『論語と算盤』角川学芸出版、二〇〇八年、三〜五頁。

（7）杜維明「二十一世紀の儒学」（土田健次郎編『二十一世紀に儒教を問う』早稲田大学出版部、二〇一〇年、四八〜四九頁）。

（8）渋沢栄一は「孔子教」という言葉を用いたことがある。たとえば、彼は「封建時代において、農工商を賤しむ傾向の生じたのは、士の一階級のみを重んずる封建制度そのものの罪であって、孔子教の影響ではないのである」と論じたことがある（渋沢栄一述・尾高維孝筆録『論語講義』、二松学舎大学出版部、一九七五年、三一五頁）。彼は朱子学をはじめとする性理学を基本的に批判しているため、この「孔子教」は主に孔子の学問・思想を指していると思われる。

（9）米国シカゴ大学元教授の Guy S. Alitto は、一九八〇年に梁漱溟を訪問したとき、梁本人が「儒者」という称号を認めたと回想している（「Guy S. Alitto 教授序文」二頁、梁漱溟口述『這個世界会好嗎』東方出版センター、二〇〇六年）。

(10) 梁は早期の自説についてその後、何回も視点を追加し、論理を整理した。彼のとらえていた孔子の全体像を解明するために、一九四一年から書き始めた『中国文化要義』（一九四九年出版）なども考察の視野に入れる。

(11) 『這個世界会好嗎』、三二三頁。梁漱溟は学理的な意味での思想体系を構築することに興味がなく、理念を行動に訴える社会運動家であると論じられたこともある（李善峰「梁漱溟思想の現代的意義」、梁漱溟著・長谷部茂訳『東西文化とその哲学』、農山漁村文化協会、二〇〇〇年）。

(12) 『論語講義』、五九四頁。

(13) 渋沢青淵記念財団竜門社編纂『渋沢栄一伝記資料』別巻第六（渋沢栄一伝記資料刊行会、一九五五～一九七七年）、六五七頁。

(14) 『梁漱溟全集』第七巻、山東人民出版社、二〇〇五年、六四六頁。

(15) 孫文が指導した民主主義革命である。一九一一年一〇月一〇日の武昌蜂起に始まり、古代より続いた君主制を覆した。

(16) 「三綱」は君臣・父子・夫婦の間の道徳。「五常」は仁・義・礼・智・信の五つの道義。

(17) 清末・民国初期の軍人・政治家（一八五九～一九一六）。清朝政府の要職を歴任し、辛亥革命が起ったあと、総理大臣として革命側と取引し、一九一二年三月に臨時大総統に就任。一九一三年、第二革命を鎮圧した後、正式な大総統になり、独裁政治を行った。

(18) 張衛波『民国初期尊孔思潮研究』人民出版社、二〇〇六年、二九頁。一九一七年七月、張勲の計画した帝政復活茶番劇が失敗した後、孔子尊崇思潮は衰退期を迎えたという（前出、四三頁）。

(19) 当時の団体名リストは、『民国初期尊孔思潮研究』（三二～三三頁）を参照。

(20) 「孔教論」（『民国叢書 第四編 二』上海書店、一九九二年）。

(21) 儒家、道家、陰陽家、法家、名家、墨家、縦横家、雑家、農家のことである。

(22) 『中国白話報』第一三、一四期。

(23) 『中国白話報』第一三期。

(24) 湯志鈞編『章太炎政論選集・上』中華書局、一九七七年、二七二～二七三頁。

(25) 『申報』一九一三年九月二五日。

(26) 同註（20）。

(27) 杜維明は、儒家は孔子以前にすでに長い発展の時間があるとし、孔子は儒家の創始者ではないと論じている（『二十一世紀に儒教を問う』、四〇頁)。
(28)「孔子之道与現代生活」(『陳独秀著作選』第一巻、上海人民出版社、一九九三年)。
(29)楊儒賓著・表智之訳「梁漱溟の『儒家将興説』を検討する」(『季刊日本思想史』四一号、ぺりかん社、一九九三年)。
(30)黄克剣・王欣編『当代新儒家八大家集之一・梁漱溟集』群言出版社、一九九三年、五二〜五三頁。
(31)『梁漱溟集』、五三〜五五頁。
(32)ただ、自己認識にかんしては、梁は晩年、自分があくまでも仏教徒であることを強調している(『梁漱溟集』、六〇頁)。
(33)『梁漱溟集』、五六頁。
(34)『梁漱溟全集』第一巻、四六四頁。
(35)前出、四四八頁。
(36)『梁漱溟全集』第二巻、一二五頁。
(37)『梁漱溟集』、四八五頁。
(38)『梁漱溟全集』第一巻、三五二頁。
(39)前出、四〇六頁。
(40)『渋沢栄一伝記資料』第四一巻、三六六頁。
(41)『梁漱溟全集』第五巻、七一頁。
(42)『梁漱溟全集』第一巻、四六三〜四六四頁。
(43)『這個世界会好嗎』、二八五頁。
(44)『渋沢栄一伝記資料』第四一巻、四〇八〜四〇九頁。
(45)渋沢栄一述・尾高維孝筆録『論語講義』二松学舎大学出版部、一九七五年、一七四頁。
(46)『梁漱溟全集』第一巻、四七七頁。
(47)『梁漱溟全集』第四巻、七七〇頁。
(48)前出、七六九〜七七〇頁。
(49)『論語と算盤』国書刊行会、一九八五年、一七五頁。
(50)『青淵回顧録・上巻』青淵回顧録刊行会、一九二七年、一八三〜一八四頁。

(51)『渋沢栄一伝記資料』第二六巻、四七五頁。
(52)『渋沢栄一伝記資料』第四三巻、五〇三頁。
(53)『資料』第二六巻、五七五頁。
(54)『論語講義』、二八五頁。
(55)『渋沢栄一伝記資料』第二六巻、二三七～二三八頁。
(56)前出、四六七～四六八頁。
(57)徐烱「義利之弁」『孔教会雑誌』第一巻第一二号、一九一四年。
(58)『梁漱溟全集』第一巻、三七九～三八〇頁。
(59)『梁漱溟全集』第一巻、三八一～三八三頁。
(60)『中国文化要義』上海人民出版社、二〇〇五年、二二九頁。
(61)『梁漱溟集』、五八頁。なお、梁は、中国文化の後、インド文化は復興すると展望している（『這個世界会好嗎』、二二二頁）。
(62)『中国文化要義』、九二頁、九六～九七頁。
(63)泰州学派は王守仁の直弟子で泰州出身の王心斎によって創始された陽明学の一学派である。
(64)『梁漱溟集』、五一頁。
(65)前出、五七～五八頁。
(66)『中国文化要義』、九四頁。
(67)前出、九三頁。
(68)前出、九五～九六頁、一一一頁、一一七頁。
(69)前出、一〇四～一〇五頁。
(70)『梁漱溟全集』第一巻、四五八頁。
(71)『中国文化要義』、二一〇頁。
(72)『這個世界会好嗎』、二三頁。
(73)『梁漱溟全集』第五巻、八一八～八二〇頁、八四四～八四五頁。
(74)梁漱溟著・池田厚篤紀・長谷部茂訳『郷村建設理論』アジア問題研究会、一九九一年、二一〇頁。

(75)『郷村建設理論』、二一一〜二一二頁。
(76) 前出、二九五頁。
(77) 前出、二一二〜二一五頁。
(78)『梁漱溟全集』第五巻、五四九頁。
(79)『梁漱溟集』、七〇頁。
(80)『梁漱溟全集』第五巻、二二二〜二二三頁。
(81)『郷村建設理論』、二一四頁。
(82)『梁漱溟全集』第一巻、五〇四〜五〇五頁。

第Ⅱ部　渋沢栄一の教育支援

第四章　渋沢栄一を偲ぶ朝鮮の人々
――その「縁」と「脈」を中心として――

朴　暎美

一　韓国における渋沢栄一評価の二面性

日本における渋沢栄一は、所謂「日本資本主義の父」という別称があるほど、日本経済の発展に功績があったが、韓国における彼は、「植民地の収奪者」として言える。そのため、これまで韓国で行われた渋沢栄一に対する研究は、「植民地の収奪者」の面を明らかにすることを中心として行われた。[1] その中で、渋沢栄一と『論語』を対象にした研究を挙げてみよう。

宮嶋博史の研究[2]は、渋沢栄一が『論語』の教えを経済活動の指針としたことを評価し、「利益の追求」と「道徳・社会秩序」の調和ということを両立した渋沢の経済思想に注目した。宮嶋博史は、渋沢栄一の経営哲学の核心として「富を築くという根源は、何かといえば仁義道徳である。正しい道理によってできた富ではなければ、その富は、全く長続きできない。」という言説を挙げた。しかし、宮嶋博史は、渋沢栄一の儒学は正統的な儒学よりも、国家を重視する所謂「日本儒学」の伝統を継承しているため、国家を乗り超える公益と国家を相対化しうる発想に欠けていると批判した。

シン・チョンクン[3]は、渋沢栄一が日本資本主義初期の弊害を正す工夫の一つとして『論語』に着目したと主張した。シンは、渋沢栄一の「義利合一論」の特徴について次のように述べた。一つは、「富」ということを肯定する点から、実業人（商人）を近代市民の一員とみなしていることである。もう一つは、経済行為の目標を個人の幸福より、国富の創出に置いたことである。シン・チョンクンは、「義利合一論」が、東アジアの経済において国家主義化、集団主義化を買って、今日の東アジア経済モデルが、欧米のモデルと異なる原因検になった主張した。

以上、宮嶋博史とシン・チョンクンの研究は、金融資本の横暴によって「義と利」いう価値が衝突する反道徳的な現実と、正面に向き合って、この解決案として非欧米世界における伝統的な経済思想を提案している点に特徴がある。

渋沢栄一に対する以上のような再評価と前後して、韓国で『論語と算盤』が翻訳された。二〇〇九年、ノ・マンスの翻訳で『論語と算盤』（ペーパーロード出版社）が初めて韓国で出版され、二〇一二年には『片手には論語を、片手に算盤を』（リンゴの木出版社）というタイトルでも出版された。ノ・マンスが翻訳した『論語と算盤』は、二〇一〇年に「大韓民国学術院優秀学術図書（社会科学分野）」に選ばれた。

さらに、二〇一〇年にはサムスン経済研究所が、「最高経営責任者（CEO）が休暇時に読むべき本 一四」に『論語と算盤』を選んだ以降、従前に比べて売り上げが伸びたそうだ。そもそもサムスンという企業の創業主である故李秉喆（一九一〇～一九八七、早稲田大中退）会長は、好んで『論語』を読む人として回顧されている。彼の企業精神は、渋沢栄一の「片手には算盤を、片手には論語を」という哲学に基づいているそうだ。同会長の影響も加わって、韓国において『論語と算盤』は、企業の経営指針として、ホワイトカラーの教養書として読まれている。

以上のように、韓国における渋沢栄一に対する認識は、以前から続いている「植民地の収奪者」という評価に、現代に入ってから「道徳的な経営者」という評価が加わり、両義的な評価が存在している。

では渋沢栄一の在世当時、朝鮮における彼に対する認識と評価はどのようなものであったのか。一篇の碑文から、この問題について考察したい。渋沢栄一の死後二年、一九三三年に朝鮮の京城に建てられた頌徳碑がある。この頌徳碑の文を書いた人物は、朝鮮儒学を代表する経学院の大提学である鄭万朝で、頌徳碑は純漢文であった。ここでは、この碑文から渋沢栄一の朝鮮人との縁と人脈を明らかにし、彼を追悼する朝鮮人に関して考察する。渋沢栄一に対する当時の評価は、断続的に今日の韓国人に影響を与えているからである。なお、渋沢の朝鮮における経済活動に関してはひとまず対象外とする。

二　渋沢栄一と朝鮮との「縁」と「脈」

(1) 歓迎宴会の主催——朝鮮修信使団との交流

韓国の史料で、渋沢栄一の名前が登場する最初の文書は、一八七二年に作成されたものである。この時期は、渋沢栄一が民部・大蔵両省に仕官していた時代だった。この時、渋沢と朝鮮人との対面があったかは確かではない。また、朝鮮で彼の存在が認識されたかどうかも分からない[4]。

朝鮮における渋沢栄一に関する最初の個人の記録は、姜瑋（一八二〇～一八八四）の文集に載せられた漢詩である。姜瑋[5]は金沢栄（一八五〇～一九二七、漢詩人・学者）、黄玹（一八五五～一九一〇、漢詩人・学者）と共に朝鮮末三大家として並称される人物である。姜瑋は一八七六年に江華島条約が締結された時、朝鮮側の補佐役としてこれに参与した。姜瑋の文集である『古歓堂収艸詩稿』巻一四「東游艸」に、「渋沢別墅、次韻奉和。」が収録されている。

星槎万里伴行旌、隣好維新海宇清、託命朋交天下小、留心国事一身軽、
支離膚見多拘跡、齟齬毫談豈尽情、我欲従仙天外去、長風一嘯下蓬瀛。

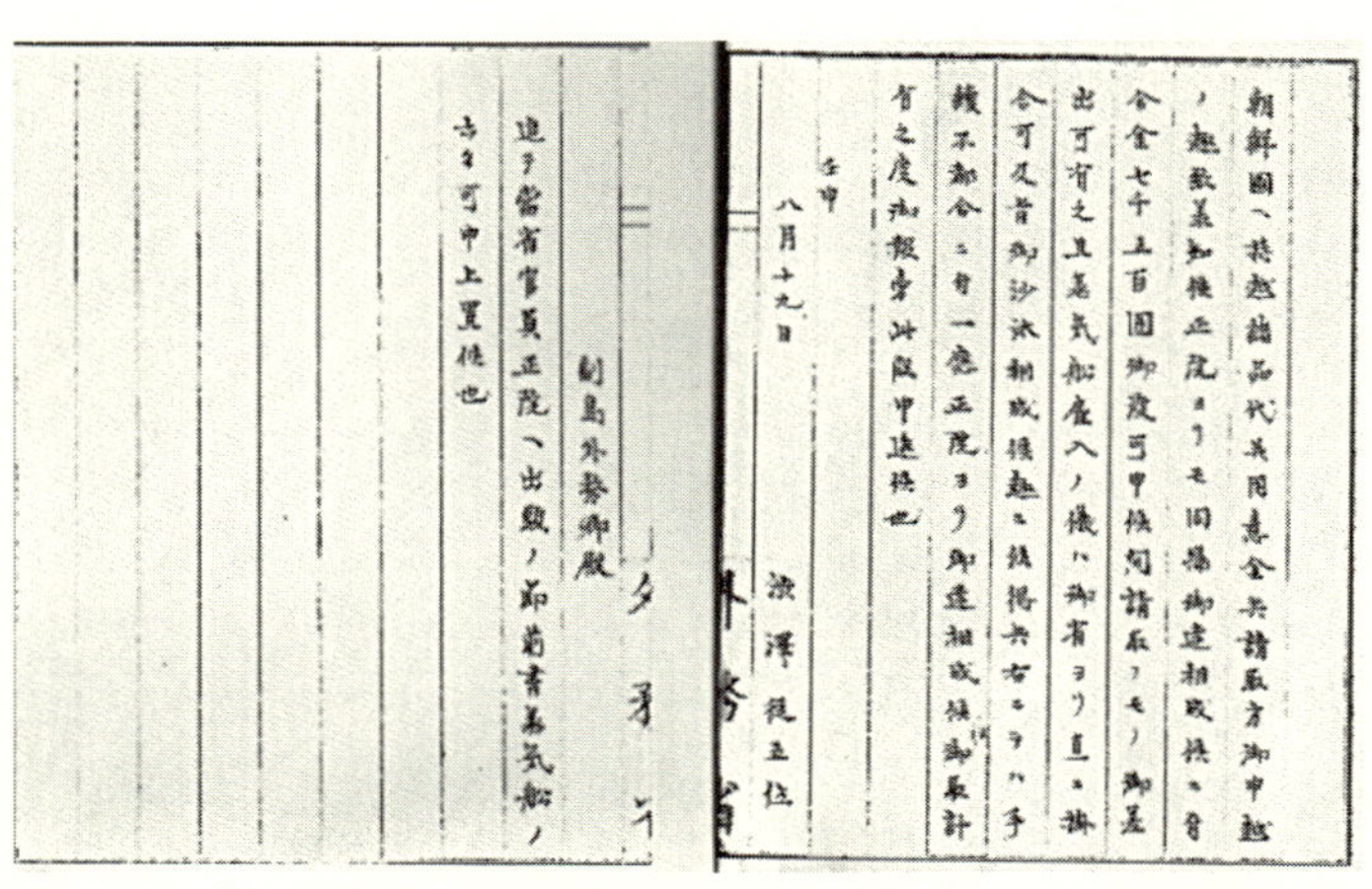

朝鮮國ヘ持越諸品代其外用意金共請取方御申越
ノ趣致承知候正院ヨリモ同様御達相成候ニ付
今金七千五百圓御渡可申候間請取方モノ御差
出可有之且蒸氣船雇入ノ儀ハ御省ヨリ直ニ掛
合可及旨御沙汰相成候趣ニ候得共右ニテハ手
續不都合ニ付一應正院ヨリ御達相成候様御取計
有之度御報旁此段申進候也
壬申
八月十九日　澁澤従五位
副島外務卿殿
追テ當省事員正院ヘ出数ノ節前書蒸氣船ノ
事ヲ可申上置候也

図４－１　『朝鮮事務書』13冊「渋沢従五位ヨリ朝鮮ヘ持越ス可キ諸品代及用金等受取ノ義来翰」

姜瑋は、一八八〇年に朝鮮が金弘集を団長として日本に修信使を派遣した時、書記として随行した。姜瑋をはじめとする修信使一行は、渋沢別墅に招待されたが、姜瑋は当時の状況について詳述していない。

一八八〇年の使節派遣は、一八七六年の条約の後続作業を仕上げるために行われたものだった。当時日本は、宮本小一を韓国に派遣して修好条約に伴う様々な細目を協定することを任せた。一八七九年には花房義質が弁理公使として派遣され、交渉を繰り返した末、西大門外にある清水館を臨時公使館として使用する案を決めて駐留するようになった。また、日本は花房を推し立てて、釜山（プサン）、元山（ウォンサン）を開港させた後、漢陽（ソウル）の外港である仁川（インチョン）の開港まで強制した。その他、釜山の関税賠償、米穀禁輸解除等の問題を提起して、絶えず朝鮮を悩ました。朝鮮政府は、諸般の問題を調整しながら日本政府の真意を探り、開化の真相を察するため、一八八〇年に修信使を派遣したのであった。

「渋沢別墅。次韻奉和。」によると、姜瑋は江華島条約の締結により日本との友好関係が保たれ、天下が太平になったと思ったようである。しかし、多くの問題が相継ぎ、交渉は難航した。困難に直面していたさなかに、渋沢栄一からの招待があった。

姜瑋にとって渋沢の別墅は、仙界のように美しいところであった。しかし、この仙界に一筋の風が吹けば、再び交渉の現場である日本に戻らなければならなかった。美しい風景を満喫しながら、しばらく休息を取る余裕も許されていなかった。姜は、時代に対する危機感から、朝鮮を災いから救う策としてアジアの連帯を信じるようになっていった。

姜瑋は累次の渡日中に興亜会に参加し、会員となった。同詩集に「興亜会上属題」がある。

鯨海鴻泥跡易陳、臨帰一語見情真、易持時論人人別、難識天機日日新。
磊落英豪同所見、尋常恐懼亦相親、当時代算関東事、六国安危不在秦。

当時の姜瑋は興亜会のアジア主義こそ東アジアの危機を打開する方策と見ていたので、この会席上で「磊落英豪同所見。尋常恐懼亦相親」という連帯感を述べ、「六国安危不在秦」と詠じてアジアの安危を巨大な西欧の手に委ねたくないと主張した。

朝鮮は一八七六年に、日本の武力によって強制的に開港させられたため、日本に対して怨みを抱いていた。しかし同時に日本と協力して、西欧の侵略に対抗するべきという連帯感（あるいは日本に対する友好）を持っていたので、このような詩が書かれたのである。この状況下に参加した渋沢栄一の別墅での宴会であった。渋沢栄一の家はどの様な姿で、宴会はどのような様子だったのだろうか。

一八八一年に派遣された朝鮮の視察団の一員だった李𨯶永（一八三七〜一九〇七）が『日槎集略』の六月二〇日条に記録したことを参考にして、当時の状況を推察してみたい。

晴。飯后、因国立銀行局貨幣殖利長渋沢栄一請会、而随諸公行。歴坐王子扇屋楼。楼下繞水繞樹、且一辺売酒。中野進杯。転往造紙局、見造紙。而諸般機械造法、与大阪所睹無異焉。到王子渋沢家、而外務省少輔芳川顕正、大書記宮本小一、東京知事松田道之、五等属石幡貞、朝鮮公使花房義質、中野、上野、武田、巽参焉。花房始接於此、而余未還東京時、来訪東京旅所、留銜而去云矣。坐到高楼、遠眺平闊。随主人登後園、金莎満地、緑陰挟路、往往置坐床及踞石。回到一処有仮家、満列花卉盆、中有坐床。且傍設供饌処所、進氷水和雪糖一盞。因坐此遅遅。更還于楼、盛進酒饌、兼進夕飯。楼簷及園樹枝端、懸灯簇簇、宛如星羅花叢、亦一奇観。夜又設妓楽歌舞。楽則三絃琴、歌則便是男唱声、而但雑歌或似我国娼声也。舞則依剣舞様、而但先後拝及揮手之際、或似我国娼舞。蓋其怪状異態、多有可笑矣。

渋沢栄一邸とその近くの料亭扇屋でくり広げられた歓迎の催しは、朝鮮使信団の目には一言で言えば「奇観」と映った。酒と音楽が加わった「怪状異態」なる歓迎の宴であった。

一八八〇年以降、朝鮮外交官の日本訪問時に、渋沢栄一との出会いは数回あった。当時渋沢栄一は、国立銀行頭取の資格で朝鮮外交官一行と出会い、朝鮮に、国立銀行頭取として紹介されたのだ。『渋沢栄一伝記資料』第二五巻の渋沢栄一詳細年譜では、一八八〇年と一八八一年に朝鮮外交団を彼の家に招待したのは以下の通りである。

①一八八〇年八月二九日　清国特命全権公使何如璋・韓国人金宏集・弁理公使花房義質及ビ都下知名ノ文人等三十余名ヲ飛鳥山邸ニ請ジテ午餐会ヲ催ス。此時、阪谷朗廬此邸ヲ曖依村荘ト名ヅク。

②一八八一年七月一五日　韓国人朴定陽・魚允中等ノ一行ヲ飛鳥山邸ニ招ク。

③一八八一年一一月二八日　韓国信使一行ヲ飛鳥山邸ニ招ク。

渋沢栄一をはじめ、当時の日本の実業家は朝鮮から来た外交官にしばしば宴会を主催した。一八八二年修信使だった朴泳孝が記した見聞記である『使和記略』の一八八二年一〇月九日条に次のような逸話がある。

初九日、晴、往戸山競馬場。日皇已於前日親幸矣。但白川親王来接各国公使。賞玩移時、還署。○大倉喜八郎及渋沢栄一致函請晤。西暦十一月十一日午後一時於本家晩餐。○送白絹于黎純斎（庶昌）、懇扁楣及楹聯。○答大倉・渋沢書。

十一日、晴、致函于外務卿。○清公使書送絹本、且致函。○午後、赴大倉喜八郎約、花房・竹添・吉田及梁殿勳・姚文棟皆来会。家在江浜、楼榭林木、極其瀟灑、彷彿仙界也。設晩餐、品倶珍潔。招芸技（妓）数十、洗盞勧酒、極慇懃。飯已、絲竹斉奏、歌舞迭作、賓主尽懽。楽徹、将白絹数疋及斗墨要題贈、各皆揮灑。夜深帰署。路過蜂（横）須賀、適値日皇水操。士女観光者如蟻。両岸設軍幄、河中兵船、無数兵隊、分部演習。日晩、日皇乗舟還宮、岸上斉奏軍楽、殊可観。過路有離宮、妃嬪亦来観云。

大倉喜八郎（一八三七〜一九二八）と渋沢栄一は朝鮮使信団を晩餐に招待した。大倉喜八郎の家に招待されたのは、朝鮮使信団だけではなく花房・竹添の大物をはじめ、清国の梁殿勳と姚文棟もあった。梁殿勳は清国の翻訳官であり[6]、姚文棟は清国公使の随員であった[7]。その後、一九〇六年になると渋沢栄一と大倉喜八郎は、事業パートナーになり、資本金七〇万元で京城に水力電気会社を設立した[8]。

（2）救恤――寄付と施恵の間

一八九八年、日本第一銀行頭取渋沢栄一は、米価の高騰によって起こった漢陽の饑民に一〇〇〇円を寄付するとともに、商務と財政を視察するため来韓した(9)。その時の内容は、「渋沢栄一ヨリ救恤金寄贈ノ件」と題する文書に詳しい。

> 株式第一銀行頭取渋沢栄一儀、昨年京畿道ノ農作凶歉ナリシ為メ、即今穀価非常ニ騰貴シ境内ノ細民欠食ノ虞アルヲ以テ、当国政府ハ目下之レカ救済策講究中ニ有之旨承聞致、右救恤費中ニ金千円寄贈致度旨願出候間、別紙甲号ノ通本官ニ於テ外部大臣ニ照会致候処、同乙号ノ通リ皇帝陛下已ニ綸詔ヲ降シ政府ニ命シテ賑済策ヲ商権セシメラレ、亦皇太子殿下特ニ内帑金ヲ降シ当該地方官ニ令シ飢戸ヲ賑恤セシメラル。此際宜ク大小官民モ聖徳ヲ仰体シ義金ヲ捐ツベキハ当然ニシテ、固ヨリ局外者ノ助ヲ待ツベキ筋ニアラザルモ、特ニ渋沢ノ志広済ニ存シ情同胞ニ切ニ、不些ノ貨ヲ捐テ近止ノ命ヲ救フ義退ケ難シ。依テ即該金額ヲ内部ニ送交シ、救卹金中ニ差加ヘ措置スベキ旨回答有之候。此段別紙甲乙号相添及具申候。敬具(10)。

『独立新聞』では、寄付した人物について以下の通り報道している。

> この折、ソウル五署内の饑民を賑恤するため、各処から捐助して、大皇帝陛下二〇〇〇円、皇太子殿下八〇〇〇円、水標橋居前監察鄭永斗（或は鄭斗永）四〇〇円、日本人渋沢栄一　一〇〇〇円、内部奏任官一同四七二円を寄付した。賑恤対象者数は、東署に一九九三戸・六九二四名、西署に三七四七戸・一二七六一名、南署に三九九六戸・三四九九名、北署に二五九一戸・一〇一一一名、中署に八三〇戸・四〇四三名。合計して一二一一七戸・四六三三八名であった(11)。

朝鮮の皇帝、皇太子者をはじめ、官僚、各省庁で寄付をしたが、外国人で寄付金を出したのは、渋沢栄一が唯一であった。渋沢栄一が救恤金を出したのには、裏があった。

在韓各支店事務視察ノ為メ来京致候第一銀行頭取・従四位勲四等渋沢栄一儀、当国皇帝陛下ニ敬意ヲ表スル為メ拝謁希望ノ旨申出候ニ付、本官ヨリ其筋へ申出候処、本月七日午後四時謁見被差許候旨其筋ヨリ通牒有之候。依テ当日本官同伴参内候上、陛下へ拝謁致候処、陛下ハ優渥ナル御言葉ヲ賜ハリ本人モ至極満足致候。然ニ本月十一日隆武亭ニ於テ晩餐ヲ下賜セラル丶旨、本官ニ於テ同人及国分通訳官同伴参内可致旨宮内大臣ヨリ通知有之候ニ付、即同日同伴参内致候処、宮内、外務、度支、軍部ノ各大臣及協弁等同席シテ晩餐ノ饗応アリ、殊ニ款待ヲ極メ候。且ツ又其出発ニ当リ、陛下ハ同人及夫人ニ夫々物品ヲ下賜セラレタリ。尤モ同人ヨリ入京ノ砌、本邦産花瓶一対並ニ織物三巻献上ノ儀申出候ニ付、本官ニ於テ夫々献上ノ手続ニ及ヒ、又同夫人ヨリ花瓶一対故閔后ノ霊前ニ奉納ノ事、及本年ハ凶歉ニ付本人ヨリ金一千円救恤費へ献納ノ儀申出候ニ付、夫々其手続ニ及置候。此段御含迄及申報候。敬具。[12]

第一銀行頭取として朝鮮の各支店を視察するため、来朝した渋沢栄一は、国分象太郎通訳官を帯同して[13]一八九八年五月大韓帝国皇帝である高宗を謁見する席で救恤金の献納を約束した。朝鮮の経済状況は劣悪で、相次ぐ飢饉によって民は塗炭の苦しみに陥っていた。救恤のために借款もした。一八九五年朝鮮の度支大臣魚允中は、日本国東京第一国立銀行頭取渋沢栄一に貧民救済と軍人の給料の支払いを目的として二〇万円の資金を借りた。このような状況だったので、朝鮮にとって、渋沢栄一の寄付金一〇〇〇円は、非常に歓迎すべきことであった。

渋沢栄一の寄付の後、一八九九年、米国公使アレン・日本公使加藤増雄は、外部大臣朴斉純に照会して、米国人モースが持っていた京仁鉄道敷設権を、資金の不足の理由で日本金庫銀行督弁渋沢栄一に譲渡する契約を締結した。[14]以降渋沢栄一は、京仁鉄道に続き、京釜鉄道も担当した。一九〇五年、高宗皇帝は、京釜鉄道が竣工した際、その功労を褒め称え、渋沢栄一に勲章を賜った。[15]

渋沢栄一の『青淵詩存』にある「京仁鉄道途上即事二首」を読みながら、渋沢栄一の京仁鉄道についての感懐を見よう。

曲浦長橋鉄路平、車窓載夢向京城、曠原秋尽風蕭寂、汽笛時成虎吼声。

京仁線は、韓国最初の鉄道で一八九七年三月に起工し、一八九九年に一部区間が開通した。一八九八年には工事中の京仁鉄道が日本の京仁鉄道合資会社に譲渡され、一八九九年九月一八日、仁川駅から京城の鷺梁津駅までの約三三キロ区間（計七つの駅）が開通した。そして一九〇〇年七月八日、鷺梁津から京城駅まで路線が完成して、一一月一二日には京城まで、約三年がかりで完全に開通した。渋沢栄一は、一九〇〇年一〇月に開かれた京仁鉄道開通式に参列した。[16]

前掲の漢詩が、京仁鉄道開通式に参列しに行く途中に作った詩かは定かではないが、この漢詩が書かれた時期は秋が終わって初冬に入った時だった。汽車は広野を虎の鳴き声のような汽笛をならしながら、突っ走っていた。汽車が京城に向かっていることから、一八九九年第一段階の開通後のことと分かる。この鉄道路は、渋沢栄一の京仁鉄道合資会社のもとで敷設したものであった。渋沢の京仁鉄道に対する自負心が読みとれる。

（3）いわゆる「朝鮮通商支援策」としての朝鮮協会

一九〇二年三月一〇日、東京華族会館で朝鮮協会発起人会が開かれ、会長として島津公爵、副長として渋沢男爵、商議員として近衛公爵、西郷侯爵、大隈伯爵を推薦されて朝鮮協会が組織された。[17]「朝鮮協会趣意書訳要」を読みながら、この組織について明らかにしよう。

朝鮮半島与我邦相距隔一衣帯水、古来玉帛相通、自昔所負之文化不少。近因修交条約之締結、国交益加親密、今両国関係、実為唇歯輔車之勢。試取統計表而観之、我日本人之住在於韓国各開港場者、無慮二万余人、通漁於各道沿海者、亦不下三万余人、専占航海通運之業。陸上鉄路之敷設、已至起工。然而就観其経営之実績、貿易之総額、尚未免微弱之歎。夫朝鮮気候温和、山河秀麗、其海陸物産、豊饒富多、足以供我人之需用有余。尤其鉱山、散在各地、其宝庫将有早晩開発之期。其他製作工業之施設、通商貿易之拡張等、経営甚多、断無疑矣。朝鮮之形便如此、而吾輩於此、姑未能全挙啓発之実者、因対岸事情之不暁於朝鮮事情、欠其調査詳報故也。豈不痛惜乎。今又日英之同盟方成、東洋之平和、益加堅固。勿失此好機会、進而扶植経済上関係於朝鮮、増進彼我之公益、吾人之当所力行者、此鮮協会設立機関、為今日之急務者也。[18]（原文はハングル混じり、筆者漢訳）

朝鮮協会は朝鮮の開港と日本が江華島条約を締結以降、海運、鉄道などにおいて日本資本が進出したが、通商において不十分な状況を挙げ、協会を組織して支援することを表明している。朝鮮協会は朝鮮事情についての調査を行い、その情報を利用して通商を拡大するという意図があった。朝鮮協会は、これが日本だけではなく朝鮮も経済を興起し、東洋の平和を確固たるものにする好い機会であり、東洋の平和を固めることもできる良い機会であると主張した。朝鮮協会に対して、朝鮮においては二つの反応があった。一つは、友好的な態度を取ることである。この立場に立っている金允植は[19]朝鮮協会について次のように述べた。

日本人設朝鮮協会、日本国民同盟会之創立者、通暁朝鮮事情、国友重章及恒屋盛服、其他諸人、為韓国進歩発達、並為韓国起実利事業、設立朝鮮協会、求朝野有力者賛成、島津公・西郷侯・近衛公・渋沢男等百余人為発起人、本月十日於東京為発会式。会長島津、副会長渋沢、商議員近衛公爵・西郷侯爵・大隈伯爵推薦、皆承諾。島津及青木周蔵、非久来韓云。[20]

金允植は、朝鮮協会が朝鮮の進歩と発達、特に経済産業を盛んにするために設立されたものだと評価した。しかし、すべての朝鮮人にそう見えたわけではない。朝鮮協会の設立に対し、『皇城新聞』は強く批判した。「論日本人朝鮮協会主義」では、次のように論説している。

然則此協会全段精神、専在於吸収我韓全邦之利而已、其敦交扶和等好語、直不過形式上例套之影点而已。我政府迨此之際、尤宜大懲創大奮発、益修自強之策、然後以我富源、不為他人之占有。如其因苟如故、不能奮改、則全国富源必将為他人之有矣。以全国富源、譲為他人之有、則我国穹然之虚殼矣。豈不可懼也哉。[21]（原文はハングル混じり、筆者漢訳）

『皇城新聞』の筆者は、朝鮮協会が主張しているのは、常套句に過ぎないと主張した。そして朝鮮が自分の富源を守るために、自強策を実施しなければならないと述べた。もしそうでなければ、朝鮮の「富の源」は他人、即ち日本のものになると朝鮮協会の主張を批判した。結局、朝鮮協会は一九一〇年九月、朝鮮総督府によって解散させられた。

以上で見てきた通り、渋沢栄一は、近代初期朝鮮の金融、鉄道、鉱山などの基幹産業の形成に多大な役割を果たしたことをわかる。それと同時に個人渋沢栄一として、あるいは官僚渋沢栄一として朝鮮と多様な関係を結び、「縁」と「人脈」を形成したことも明らかになった。朝鮮の使信団に対する宴会の開催、朝鮮救恤のための寄付、通商を向けた朝鮮協会などの組織、日本語学校に対する支援などを通じ、渋沢栄一は様々な朝鮮人と交流した。彼は、ある時は「侵略者」、ある時は「施恵者」と二面の顔を見せたのだ。

三　渋沢栄一を偲ぶ朝鮮の人々

(1)「渋沢青淵翁記念碑建設会」と頌徳碑

一九三一年一一月一一日、渋沢栄一が死去した後、一九三三年になると、渋沢栄一の記念事業が相次いで始まった。文集の編纂、銅像の製作、伝記の編纂、誕生地標石の建立などである。その中、朝鮮で渋沢栄一の頌徳碑を建てる記念事業が計画され、「渋沢青淵翁記念碑建設会」(以下記念会)が発足した[22]。「渋沢青淵翁記念碑建設趣意書」では、その趣意が次のように語られている。

朝鮮ニ於テモ亦、夙ニ明治十一年翁ノ経営ニ係ル第一銀行ノ支店ヲ創設シテ半島に於ケル金融ノ疎通ヲ図リ、銀行業ノ発達ト財政幣制ノ確立ニ寄与スル所多ク(中略)顧レハ翁逝イテ茲ニ一年有半、我朝鮮ニモ翁ノ名ヲ不朽ニ伝へ、半島民衆ノ亀鑑トシテ永遠ニ其ノ感化ヲ享ケシムル為下名等相謀リ記念碑ノ建設ヲ図ラントス[23]

この記念事業は渋沢栄一の業績を後世に残し、そして朝鮮人の手本にするという目的があったそうである。記念会の発起人は、合わせて四四人であった。発起人のリストは以下の通りである。

今井田清徳、林茂樹、朴泳孝、迫間房太郎、井上清、新田留次郎、飯泉幹太、朴栄喆、尹致昊、朴承稷、白完爀、張憲植、林繁蔵、張弘植、李允用、山口太兵衛、柳正秀、前田昇、劉銓、松本誠、加藤敬三郎、松井民次郎、香椎源太郎、松原純一、賀田直治、藤井寛太郎、韓相竜、古城菅堂、韓翼教、有賀光豊、吉田浩、浅川真砂、吉田秀次郎、金漢奎、田淵勲、金季洙、武者錬三、金用集、篠田治策、申錫麟、志岐信太郎、閔大植、進辰馬、森悟一(24)

朝鮮人は一七人、日本人二七人であった。どちらも官僚や実業家を主としていることを分かる。会長には李允用が就任し、理事には韓相竜、朴栄喆、張憲植が就任して朝鮮人が中心とした組織である。

朴泳孝は一八八一年に使者団として日本に訪問した時、渋沢の家に招待された人物であった。朴泳孝と渋沢の「縁」は約五〇年間長続いてきたのであった。このように朝鮮人と渋沢栄一との縁は一八八〇から九〇年代、彼らが日本を訪問した時に結ばれたものが多かった。これに比べて、日本人との「縁」は彼と事業的なパートナーとして結ばれたものが多かった。この「縁」は朝鮮において渋沢の人脈として働き、渋沢の対朝鮮の活動に力になったはずである。

記念会の資金は、一般篤志家の寄付によってまかなわれた。頌徳碑設立のために募金をして、寄付によって、二〇二四八円が募金された。頌徳碑は京城府で借り受けて奨忠壇公園内（六五〇坪）に造成された。

除幕式は、一九三三年一二月一一日午後二時に行われた。除幕式には宇垣朝鮮総督、孫の渋沢敬三子爵、玄孫の

図4－2　渋沢青淵先生頌徳碑
出典：『朝鮮と建築』第13輯1・2号（1934）

尾高朝雄（一八九九～一九五六）と令嬢都茂子、孫の穂積真六郎と夫人、池田警務、渡邊学務局長、松本京畿道知事、加藤産銀総裁、有賀殖銀総裁、その他頌徳碑建設会の関係者らを合せて約二〇〇人が出席した。

韓相竜が司会者として開式の挨拶をした。続いて会長李允用の式辞の朗読、建設部理事森悟一の工事の結果報告があった。それから幕の前に移動し、幕のひもを引っ張ると、高さ七尺の碑身が一同の拍手の中に姿を現した。宇垣朝鮮総督、朴泳孝、賀田の祝辞があり、渋沢敬三は感謝の挨拶をした。その後、会長から京城府尹に建碑贈呈に関する目録贈呈式と、京城府尹代理の挨拶があった。最後は、会長が清水組・朝鮮美術製作所に感謝状を贈呈して韓相竜が閉会を告げた。別館の祝宴場に会場を移して宴会をし、午後三時一〇分に閉会した[25]。

なお、頌徳碑の碑身は、高さ七尺、厚さ二尺、

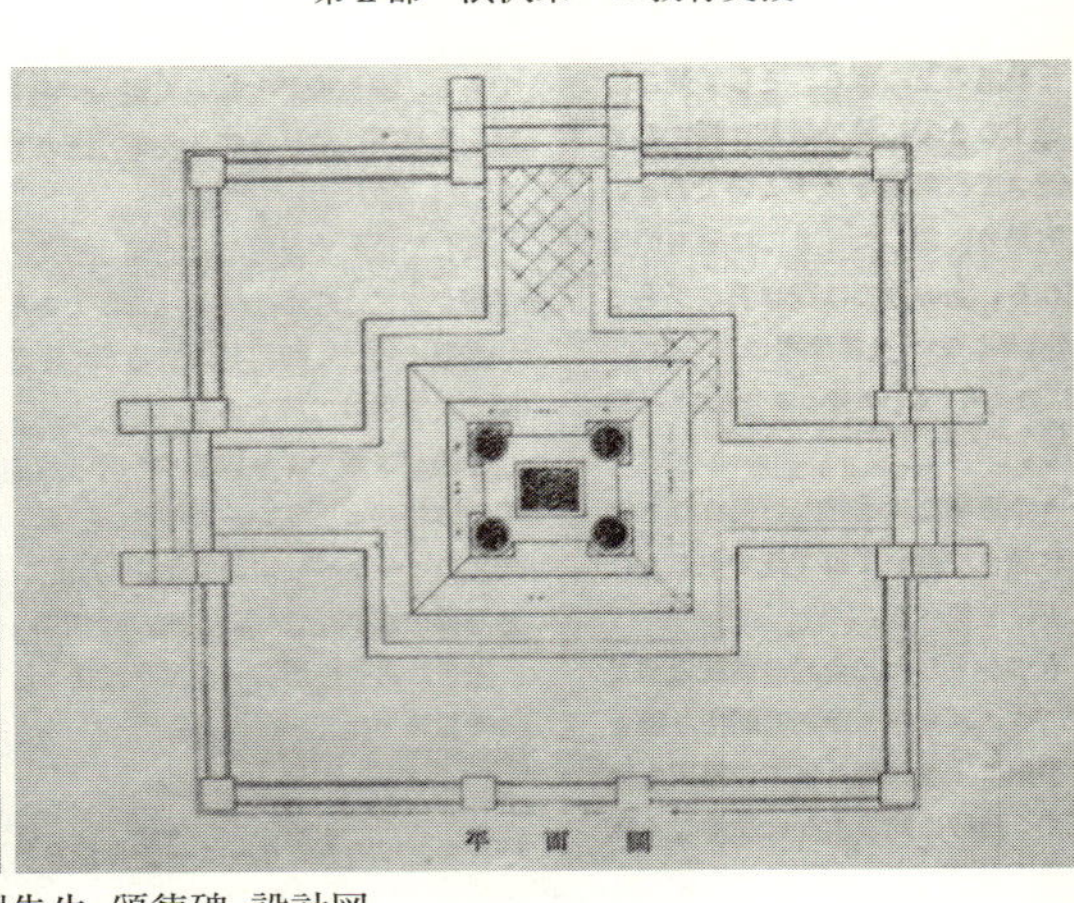

図４－３　渋沢青淵先生 頌徳碑 設計図

典：『朝鮮と建築』第13輯１・２号（1934）

幅三尺であった。碑石は忠清南道の烏石で、表面で「渋沢青淵先生頌徳碑」、裏の面に碑文が刻んであった。

碑文は経学院大提学鄭万朝が撰し、崇禄大夫前半敦寧院事尹用求の筆で書かれた。設計は小川敬吉、彫刻は浅川伯教が担当した。一九三三年七月一三日に起工し、一九三三年一二月五日に竣工したから、凡そ五ヶ月かかった工事であった。

(2)「青淵先生頌徳碑」の内容と意味

ここでは頌徳碑の内容について述べたい。頌徳碑の全文は次である。

(1)自古功著国家沢被生民者、必拠公侯之貴、握将相之権而後能之。而有以匹夫辞官界而其事業能為、為公侯将相者之所弗能為者、僅指古今有一人焉、故子爵渋沢青淵先生是耳。

(2)先生諱、栄一、青淵号也。考市郎右衛門。天保十一年庚子二月十三日、生於武蔵国之血洗島。少助父為製藍業。時幕府末運、海内多事、遂感於時勢、離郷入京、仕于一橋慶喜卿、整財政編農兵制。及卿為征夷大将軍、随入幕府。尋従将軍親弟清水民部大輔、渡仏国歴督欧洲文物制度、乃大覚悟、慨然以打破官尊民卑、及合本組織為志。及帰国始栄商法会所、常平倉、尋徴為大蔵省租税正、進至大丞、与台閣議事不合去。捌第一国立銀行、自是国中諸銀行、及公私協会大小学校、或為長或膺顧問者、為数百余。又用意於海外諸国、巡遊窮遠、以敦交際、尤於米与支那致力、多所施設、以図永遠親善。

(3)至於朝鮮、最為著目費神、自歳戊寅始設銀行支店於釜山、続設於元山仁川京城諸処。時海関税約成、管其事務。至乙巳当整理貨幣、得発行銀行券之特権、券面印其肖像、為久紀念也。及韓国銀行入挙其特権而譲与之。先是買得京仁鉄道敷設権於外人、又創京釜鉄道、皆合資而竣工。捌瓦斯会社、仍買収電気事業於外人、而以旺其業。続有興業倉庫拓殖金鉱等株式会社、以奨農工而潤民産、融財政而裕国計、凡公工社会、靡不尽力。而其経済施設之労、指道誘掖之化、懇眷同和之義、開発成就之功、所以家戸尸祝而弗望也。庚子以茂積列華族授男爵、庚申陞子爵、累進至従二位勲一等旭日桐花章。辛未病、進授正二位、以十一月十一日卒。寿九十二。帝悼之、降十行隠卒、至矣尽矣。鳴虖、若先生古所謂生栄死哀者也。

(4)粤二年、追思者、立石以銘曰、

博施済衆、聖猶病諸[26]、津梁丈六、仏亦疲於、偉哉淵翁、環顧莫如、維国維民、貨不自居、位正二尊、寿望百余、天褒隆隆、以永終誉、恵遍槿域、追惟霑裾、斳珉紀美、万不一書。

昭和八年十一月　日　経学院大提学　鄭万朝[27]　撰

崇禄大夫前半敦寧院事　尹用求[28]　書

（（1）から（4）は、内容によって段落をわけた。）

頌徳碑を四つの段落に分けて見ると、（1）は序論に該当する部分である。渋沢栄一について公侯将相でもなく、ただの匹夫として「功著国家沢被生民者」（国家に功績があり民衆に恩沢を及ぼした）人であると高く評価した。（2）

は渋沢栄一の生涯や功績について叙述した。（3）では朝鮮での活動について記した。殊に、鄭万朝は京仁鉄道敷設権と電気事業権を「外人」つまり西洋人から取り戻してきた点に注目した。鄭万朝は渋沢栄一を外国人として見ていなかったようである。

鄭万朝は、開化期には「学日」を主張して、日本の植民地後には「親日」を実践した人物である。彼が「学日」を主張した基底には、姜瑋に見られる「アジア連帯主義」が内在しているが、それに加え日本が朝鮮を文明開化に導いてくれる存在であるという信念があった。鄭万朝は、姜瑋の弟子でもあった。鄭万朝は渋沢栄一の功績として以下の四つを挙げた。

①経済施設之労　②指道誘掖之化　③懇眷同和之義　④開發成就之功

①「経済施設之労」は金融、鉄道、電気、鉱山などの諸分野での活動を指す。②「指道誘掖之化」は朝鮮の啓蒙や開化における功績を指す。③「懇眷同和之義」は日本の朝鮮植民地政策である「同化政策」の延長線で理解することができる。実際、彼の子孫のうち朝鮮に居住し、官僚、教授として活動した人もいた点から見て、朝鮮人としては彼が誰よりも同化政策を積極的に実践した人物と思われたものである。④「開発成就之功」は①から③の結果としての業績を指す。

鄭万朝は、一九〇八年からたびたび渡日しながら日本の著名な人々に会って人脈をつくり、日本の事情にも詳しかった。殊に日本において、「朝鮮第一の儒者」という評価もあった。ほかに特記すべきことは、朝鮮において渋沢栄一とともに学会活動をしたことである。「大東斯文会」で鄭は副会長、渋沢は顧問として名を列ねている。[29]

それでは、渋沢栄一は、朝鮮に対してどんな考えを持っていたのか。彼の抱懐が読みとれる漢詩がある。題目は「寄井上伯駐在朝鮮京城」である。

鶏林豈莫物華新、利用厚生妙在人、好是厳霜粛殺後、和風一道点陽春。(30)

渋沢栄一は、朝鮮が衰えていくのは、人に原因があったからだとしている。せめて「利用厚生（物を役立たせて用い、人民の生活を豊かにすること）」する人があったら、朝鮮は再び立ち上がることができるだろうと見込んだのだ。ところで「利用厚生」する人が誰かといえば、「和風」、寒さをのり越えて春をもたらしてくれる温かい風のような存在であるべきなのだ。「井上伯」（井上馨）によって象徴される「日本」が、そのような存在にならなければならないと考えたのだ。渋沢栄一は、このように朝鮮が日本天皇の感化を蒙ることによって、「八道何辺認帝猷、居民只見事優遊」という、上古の「鼓腹撃壌」さながらの場所に変わると思っていたようである。(31)

四　人間の顔をした資本主義

朝鮮では「儒商」の伝統がほとんどない。朝鮮において学者は「義」を追う者であり、「利益」を追ってはならない存在であった。渋沢栄一の経営哲学はこれを否定し、「義」と「利」は相反するものではない。真の「富」は「義」があるべきものだと主張する。

倫理を基づいた彼の経営哲学は、最近、韓国で注目され始めた。韓国社会の「儒」の伝統は近代に入って批判の対象になり、人々の呪いを受けながら一旦は消えていった。しかし、現代の資本主義社会は、あまりにも冷酷であるので、むしろ「人間的な顔をした資本主義」が要請されているのかも知れない。そのような文脈で、渋沢は韓国で再評価されているのだ。

本章では植民地収奪の尖兵の役を担当した渋沢を、死後、朝鮮人たちが追悼し、頌徳碑を建てたことについて考察した。この点では、渋沢は「施恵者」という顔をしている。当時朝鮮は貧困、災難、疾病などの困難な問題が続き、経済状態も悪化し、その上欧米と日本に侵略されていた。そうした状態の朝鮮を、「文明」という名の外套で覆ってくれたのが、渋沢であった。頌徳碑に名を列ねている朝鮮人は、そう評価した。

しかし、今日の研究者は、朝鮮において行われた侵略と収奪の点から渋沢栄一を批判している。したがって、いま韓国で流行っている渋沢栄一の「義」と「利」の一致は、彼の行跡には目を閉ざして、彼の言葉だけが再評価されているということになるのではないだろうか。

註

(1)　河智妍「渋沢栄一資本の朝鮮興業株式会社設立と経営実態」、『韓国近現代研究』三九、二〇〇六年、韓国近現代史学会。
同「渋沢係支柱会社　朝鮮興業株式会社（一九〇四〜一九四五）の財務構造と大株主及び経営陣に関する分析」、『梨花史学研究』三五、二〇〇七年、梨花史学研究所。

同「日帝強占期日本人会社地主の小作農制の経営実態―朝鮮興業株式会社（一九〇四〜一九四五）の事例―」、『韓国民族運動史研究』五四、二〇〇八年、韓国民族運動史学会。

呉鎮錫「一九一〇〜二〇年代　京城電気㈱の設立と経営変動」、『東方学志』一二一、二〇〇三年、延世大国学研究院。

佐藤貢悦「日本・中国の近代化の伝統について」、『退渓学論集』三、二〇〇八年、嶺南退渓学研究院。

キム・ミョンス「日帝強占期韓国社会と企業家の貪欲―国益と私益の境」、『社会理論』四七、二〇一五年、韓国社会理論学会。

チョン・テヒョン「漢城銀行の経営権、大株主構成の推移と日本人銀行化の過程」、『韓国史研究』一四八、二〇一〇年、韓国史研究会。

ホイト・チィルマン、ミン・ビョンヒ「宋・元知性史の探求」、『中国学報』六四、二〇一一年、韓国中国学会。

(2)　宮嶋博史「儒教伝統の中「公共性」の省察と二一世紀実学―東アジア近代移行期の儒学と経済」、『茶山と現代』四、二〇一二年、延世大康津茶山実学研究院。

(3)　シン・チョンクン「『論語』における経営学的な解釈――渋沢栄一の『論語と算盤』を中心して――」、『東洋哲学研究』六一、二

○一〇年、東洋哲学研究会。

(4)『朝鮮事務書』一三冊、「渋沢従五位ヨリ朝鮮へ持越ス可キ諸品代及用金等受取ノ義来翰」。

(5)姜瑋(一八二〇〜一八八四)は漢文学者、開化思想家、金石学者。一八七六年江華島條約に参与、以降日本と清国を外交官として往来し、海外実態を把握し、国運の回復のために働いた。『漢城旬報』を刊行。

(6)朴泳孝『使和記略』、高宗一九年壬午一〇月一日条、「晴、午刻、往晤清公使。○夕往意国公使館晩餐。○清国翻訳官梁殿勲来見。」

(7)朴泳孝『使和記略』、高宗一九年壬午一〇月一日条、「古愚(金玉均)、来使署、設虚位於正堂、行肅拝礼。○海軍機関士補三宅甲造来見。○清公使随員姚文棟来見。」

(8)『皇城新聞』光武一〇年四月二〇日。

(9)『旧韓国外交文書』第四巻「日案」四六四八号、光武二年五月五日。

(10)『駐韓日本公使館記録』一二巻一二、「本省往来信」発第三〇号。

(11)『独立新聞』光武二年五月二四日。

(12)『駐韓日本公使館記録』一二巻一二、本省往来信「(1)渋沢栄一謁見其他ノ件」。

(13)『皇城新聞』一八九九年一月三一日(旧暦一八九八年一二月二〇日)。⊙(日師視務)本月二六日に日本公使館通訳官 国分象太郎氏が 該公使 加藤増雄氏の代理として学部に来たり云々、とある。

(14)『旧韓国外交文書』第四巻「日案」四九六三号、光武三年一月二日。

(15)『承政院日記』一四一一冊、高宗四二年(一九〇五)四月二五日。「詔曰、京釜鉄道今既竣工、准成開通礼式、両国交誼、益臻敦密、不可無記念。日本国逓信大臣大浦兼武、特叙大勲、賜李花大綬章。京釜鉄道株式会社総裁古市公威、男爵渋沢栄一、並特叙勲一等、各賜太極章。」

(16)渋沢と京仁鉄道開通式、『皇城新聞』皇城新聞社、一九〇〇年九月二六日。

(17)『日新』壬寅(光武六年〈一九〇二〉)二月六日条。

(18)『皇城新聞』一九〇二年三月二七日。

(19)金允植(一八三五〜一九二二)は政治家、外交官、文人。子爵。中枢院副院長、経学院大提学などの要職を歴任した。

(20)金允植『続陰晴史』巻一〇、光武六年四月一日条。

(21)『皇城新聞』、「日本人朝鮮協会主義」、一九〇二年三月二八日。

(22)『毎日申報』一九三三年六月二三日。

(23)渋沢青淵記念財団「渋沢青淵翁記念碑建設趣意書」、『渋沢栄一伝記資料』第五七巻、渋沢栄一伝記資料刊行会、一九六四年。

(24)今井田清徳（一八八四～一九四〇）岡山県出身。一九〇九年東京帝大法科政治学科卒業。一九三一年宇垣一成大将が朝鮮総督として赴任する時政務総監に任じられた。（『朝鮮人事興信録』、四六頁）。

林茂樹（一八八五～?）広島県出身。一九一二年東京帝大法科卒業。高文に合格して朝鮮総督府官僚になった。学務局長、殖銀理事。（『朝鮮功労者名鑑』、六九頁）。

朴泳孝（一八六一～一九三九）侯爵。東亜日報社長、中枢院議長、日本貴族議員。（『韓国民族文化大百科事典』）。

迫間房太郎（一八六〇～?）和歌山県出身。釜山商工会議所議員及び民会議員、慶尚南道道会議員、道会副議長。（『朝鮮総督府施政二五周年記念表彰者名鑑』、九二〇頁）。

井上清（一八八五～?）東京市出身。一九〇九年東京帝大政治学科卒業。京城府尹。

新田留次郎（一八七三～?）東京出身。一八九七年東京帝大土木工学科卒業。朝鮮鉄道株式会社副社長。（『事業と郷人』一集、二七六頁）。

飯泉幹太（一八七三～?）東京出身。一九〇一年東京帝大法科卒業。不二興業株式会社常任監査役。（『朝鮮功労者年鑑』、六四八頁）。

朴栄喆（一八七九～一九三九）成城学校で修学後、日本陸軍士官学校に入り見習士官。東洋拓殖株式会社監査。同民会副会長、中枢院参議。（『韓国民族文化大百科事典』）。

尹致昊（一八六五～一九四五）政治家、社会運動家。一八八一年朝鮮視察団の一員として渡日し、福沢諭吉・中村正直と出会う。独立協会運動、独立新聞社長、万民共同会会長。矯風会参与。（『韓国民族文化大百科事典』）。

朴承稷（一八六四～一九五〇）実業家。金季洙と共に昭和麒麟麦酒株式会社を設立。（『韓国民族文化大百科事典』）。

白完爀（一八八一～?）漢湖農工銀行長、隆興株式会社長。（『朝鮮紳士宝鑑』、七五五頁）。

張憲植（一八六九～一九五〇）官僚。慶應義塾で修学。中枢院参議。

林繁蔵（一八八七～?）福岡県出身。一九一三年京都帝大法科卒業。朝鮮殖産銀行長。（『事業と郷人』一集、九三頁）。

張弘植（一八八二～?）一九〇八年東京高等商業学校卒業。漢城銀行理事会長。

李允用（一八五四～一九三九）李完用の兄。男爵。中枢院顧問、朝鮮史編修会顧問。（『朝鮮人事興信録』、五一六頁）。

山口太兵衛（一八六五～一九三四）鹿児島県出身。京城電気株式会社理事、実業銀行理事、京城日丸水産株式会社社長、朝鮮郵船株式会社監査役。（『京城市民名鑑』、二一八頁）。

柳正秀（一八五七～一九三八）官僚。中枢院参議、経学院大提学、明倫学院総裁。（『韓国民族文化大百科事典』）。

前田昇（一八七三～？）東京出身。一八九四年陸軍士官学校卒業。朝鮮憲兵隊司令官。（『朝鮮功労者名鑑』、六三八頁）。

松本誠（一八八三～？）東京出身。一九〇九年 東京帝大政治学科卒業。京畿道知事。（『事業と郷人』一集、一二〇頁）。

加藤敬三郎（一八七三～？）愛知県出身。一八九七年日本大学法科卒業。朝鮮銀行総裁。（『大京城公職者名鑑』、四〇頁）。

松井民次郎（？～？）、新倉運輸代表、中村資良『朝鮮銀行会社組合要録』東亜経済時報社、一九三一年。

香椎源太郎（一八六七～？）福岡県出身。玄洋社で修学。朝鮮水産会。（『朝鮮総督府施政二五周年記念表彰者名鑑』、一〇三一頁）。

松原純一（一八八四～？）島根県出身。一九〇八年神戸高等商業学校卒業。朝鮮銀行副総裁。（『朝鮮功労者名鑑』、五八頁）。

賀田直治（一八七七～？）山口県出身。一九〇二年東京帝大農科卒業。京畿道会議員、京城商工会議所会頭。

藤井寛太郎（一八七六～？）大阪市出身。全北農場を設立。不二興業株式会社社長。（『朝鮮総督府施政二五周年記念表彰者名鑑』、九四二頁）。

韓相竜（一八八〇～一九四七）実業家。成城学校で修学。東洋拓殖株式会社顧問。朝鮮殖産銀行創立。中枢院参議。（『韓国民族文化大百科事典』）。

古城菅堂（一八五七～一九三四）大分県出身。弟は古城梅渓。一八八〇年東京帝大医科別科卒業。仁川公立病院長。東洋生命保険会社理事。（『京城市民名鑑』、二六一頁）。

有賀光豊（一八七三～一九四九）長野県出身。一八九四年東京法学院卒業。朝鮮殖産銀行理事、貴族院議員。（『大京城公職者名鑑』、五四頁）。

吉田浩（一八八五～？）東京出身。一九〇九年東京帝大法科卒業。東京鉄道局局長、総督府鉄道局長。

浅川真砂（？～？）朝鮮金融制度調査会嘱託。

吉田秀次郎（一八七二～？）熊本県出身。一八九七年から朝鮮で海運業に従事。吉田運輸株式会社設立。

金漢奎（一八七四～？）官立日語学校で修学。朝鮮殖産銀行相談役、朝鮮生命保険株式会社監査役、韓一銀行専務理事。

田淵勲（一八八八～？）広島県出身。一九一一年長崎高商卒業。東拓鉱業殖式会社社長。（『事業と郷人』一集、一九九頁）。

金季洙（？～？）京城帝国大学卒業。海東銀行専務取締役。（『朝鮮功労者名鑑』、三四〇頁）。

武者錬三（一八八三～？）京都府出身。一九〇五年東京高等商業卒業。親友曽祢寛治と渋沢栄一子爵の支援の下、日韓瓦斯会社を設立。朝鮮電気協会副会長。（『朝鮮功労者名鑑』、六六頁）。

篠田治策（一八七二～一九四六）静岡県出身。東京帝大法科卒業。李王職長官。一木喜徳郎、岡田良平の親友。（『朝鮮人事興信録』、二二四頁）。

申錫麟（一八六六～一九四八）朝鮮総督府中枢院参議、勅任官。

志岐信太郎（一八六九～？）東京出身。夜間工手学校卒業。志岐組設立。京釜鉄道速成工事などの工事を担当。

閔大植（?～?）子爵閔泳徽の息子。東一銀行設立。京畿道評議会員。（『朝鮮総督府施政二五周年記念表彰者名鑑』、九五三頁）。

進辰馬（一八六八～?）福岡県出身。末松謙澄及び伊藤博文の書生。亀屋商店経営。（『朝鮮人事興信録』、二三三頁）。

森悟一（一八八一～?）熊本県出身。一九〇八年京都帝大法科卒業。京城放送局理事、朝鮮貯蓄銀行頭取。（『朝鮮功労者名鑑』、一二三頁）。

(25) 渋沢青淵記念財団『渋沢栄一伝記資料』第五七巻、渋沢栄一伝記資料刊行会、一九六四年。
(26) 『論語』「雍也」、「子貢曰 如有博施於民而能済衆、何如、可謂仁乎。子曰 何事於仁、必也聖乎、堯舜其猶病諸。」
(27) 鄭万朝（一八五八～一九三六）経学院大提学、明倫学院総裁などの要職を歴任した。
(28) 尹用求（一八五三～一九三九）文官・書画家。純祖の外孫。
(29) 渋沢青淵記念財団『渋沢栄一伝記資料』第五七巻、渋沢栄一伝記資料刊行会、一九六四年。
(30) 渋沢栄一「寄井上伯駐在朝鮮京城」、『青淵詩存』。
(31) 渋沢栄一「書感」、『青淵詩存』。

第五章　渋沢栄一による中国人留学生支援と日華学会

見城　悌治

一　近代日中関係と渋沢栄一

渋沢栄一は、自らが信奉する「論語」の故地として、また経済交流の有力な提携者として中国を重んじていた。そして、古稀を迎え、経済界の第一線から漸次身を引いていく一九一〇年代以降は、「論語算盤論」の積極的鼓吹、また漢学に関わる諸団体、漢学教育の拠点となった「二松学舎」や孔子や儒学を研究する「斯文会」などに対する積極的な支援を行っていく。(1)

また同時代の中国との関わりで言えば、日中関係の将来を担う留日中国人学生への支援にも力を注いだのだが、その実態はあまり知られていない。(2)そこで、本章では、辛亥革命期および大正年間に、渋沢栄一が行った中国人留学生支援を見ていくとともに、渋沢の中国に対する「想い」も考えていくこととする。

二　「支那留学生同情会」の設立とその活動——辛亥革命と留日学生

近代日本のアジア留学生受け入れの端緒は、一八八〇年代に慶応義塾に入った朝鮮学生であったとされる。(3)しかし、近代留日学生の多数勢力は中国人学生であった。日清戦争に敗れた清朝政府が、一八九六年から公費による留学生派遣を始めた事や、一九〇五年に科挙制度が廃止された事が相まって、日露戦後には、一万を超える中国人学生がいたとされる。しかし、留学生の受入れ体制が不十分な私立学校も少なくなく、それに不満を持つ学生たちが増加した事などから、受入れ体制の整備が求められるようになっていた。[4]

そうした中、一九一一年一〇月に辛亥革命が勃発する。[5] 中国国内の混乱に伴い、学資仕送りが途絶し、困窮する中国人学生が続出する状況となった。その救済を目的とし、同年一二月二五日に「支那留学生同情会」が設立された。そして「都下に於ける支那関係の会社・銀行等に謀り(ママ)、留学生救済資金を募集し、支那公使館を経て、之を留学生に貸与」[6]する等の活動が展開されていく。主唱者は、三井物産の山本条太郎および日清汽船の白岩竜平等で、この両名が会の「幹事」に就き、渋沢栄一、近藤廉平（日本郵船）、益田孝（三井物産）、豊川良平（三菱合資会社）らが発起人となった。[7] すなわち、この「同情会」は、主として日中経済に関わる人たちが立ち上げたところに大きな特色があったのである。

一九一一年春段階で、日本には、三三〇〇名余の中国人学生がいた。しかし、一〇月の革命勃発により、多くの学生が帰国し、一二月に至ると五〇〇余名しか残っていなかったという。この残留者の中には、生活資金あるいは帰国費が捻出できない学生が含まれていたため、「同情会」は、「品行方正にして貸費の資格を有するもの」と在籍学校の校長等が判断した学生に、金銭を貸与する活動を行った。さっそく一二月分として二四〇名に、一人当り一〇円が貸与された。翌一月分からは、貸与額が一人二〇円となり、三二四名が授受、二月でも二七四名に貸与された（月別人数は重複者も含む）。貸付を受けた総数は、一九一二年九月までに三四四名に達したとされ、「同情会の救済を受けざるものは、僅に百名内外に過ぎず」[8]と後に回顧されることになる。

一方、貸与を受けた留学生の在籍校数は四七[9]にも上った。内訳は、東京府下が四〇校、他府県が七校（表5-1）

表5－1　「支那留学生同情会」貸付対象学生の在籍校（47校）一覧

官立大学（４）	東京帝国大学、東京農科大学（東京帝国大学農科大学）、京都帝国大学、東北帝国大学
官立学校（11）	第一高等学校、第三高等学校、仙台高等工業学校、東京高等工業学校、東京高等商業学校、長崎高等商業学校、東京高等師範学校、東京女子師範学校、盛岡高等農林学校、東京音楽学校、東京美術学校
公立学校（４）	京都府医学校（現京都府立医大）、名古屋医学校（県立愛知医科大学、現名古屋大学医学部）、織染学校（東京府立織染学校、現都立八王子工業高校）、日本女子技芸院（私立日本女子技芸学校、1911年３月東京市立第一女子技芸学校、現都立忍岡高校）
私立学校（28）	中央大学、法政大学、日本大学、明治大学、早稲田大学、東洋大学、慶應義塾、東京高等農学校（現東京農業大学）、慈恵医学校（現慈恵医大）、東京産婆学校（東京産婆養成所、現状不明）、東洋音楽学校（現東京音楽学校）、東京音楽院（現状不明）、女子音楽学校（現日本音楽学校）、女子美術学校（現女子美術大学）、女子職業学校（現共立女子大学）、小笠原造花教授所（現状不明）、東京肖像院（現状不明）、東京物理学校（現東京理科大学）、東京工科学校（現日本工業大学）、東京同文書院（のち東亜同文書院大学、現愛知大学）、研数学館、国民英学会（現状不明）、正則英語学校（現正則学園高校）、高等日語学校（現状不明）、成城学校（現成城高校）、立教中学校（現立教高校）、大成中学校（現大成高校）、志成学校（現立教大学）

注記：学校名は、砂田實編『日華学会二十年史』（1939年）に掲載された名称をそのまま挙げた。（　）内は、その後の、また現在の校名を分かる範囲で補足したものである。東京以外の地に設けられた学校には下線を付した。

で、さらに修学先から、日本語学習から多様な専門課程までを、中国人学生が学んでいたことを確認できるであろう。

さて、この時「同情会」に寄せられた基金は、総計四万六〇〇〇円（現在の貨幣価値に概算すると、約二億三〇〇〇万円余）にも上った。出資した会社等は、横浜正金銀行、台湾銀行、満鉄や日本郵船のような対中国関係に利害関係を多く持つ企業の名が連なっている点に、「同情会」の性格を窺うことができるだろう（表5－2）。

「同情会」による経済支援活動は、中国大使館や各学校と協議の上、中国各地の日本領事を経て、留学生の保護者にも伝達されたため、「昨今父兄より感謝の書状頻々として来り、国交上貢献する処尠なからず」という意想外

表5－2　「支那留学生同情会」出資者・出資額　一覧

金　額	名　前
5,000円	三井合名会社、三菱合資会社、日本銀行、台湾銀行、日本郵船、南満州鉄道、横浜正金銀行
3,000円	大倉組
2,000円	古河鉱業
1,000円	第一銀行、東亜興業、日清汽船、大阪商船、大日本紡績聯合会、大谷尊由
総計　46,000円	

砂田實編『日華学会二十年史』(1939年)。

表5－3　「支那留学生同情会」収支決算　(1918年4月)

収　入			支　出		
	基金総額	46,000円0銭		現在貸付総額	10,530円0銭
	預金利息	2,742円22銭		諸経費総額	975円43銭
	合計	48,742円22銭		合計	11,505円43銭
差引残額　37,236円79銭 ※当初貸付額　44,070円。返戻総額　33,540円。未済金は10,530円（全体の24％）。					

砂田實編『日華学会二十年史』(1939年)。

の成果を挙げたとされる。[10]

実際、革命後に誕生した中華民国政府の教育部総長・蔡元培が、一九一二年六月二二日付けで「同情会」宛てに礼状を出している。[11] そこには、同情会が留学生たちに金銭を貸与してくれた事への感謝と国内が落ち着いたら直ちに返還したい旨が書かれていた。

こうした「同情会」の活動に関する収支決算（一九一八年四月現在）を表5－3として示した。ここで注目されるのは、革命から六年半余り経った段階で、貸付総額四万四〇七〇円のうち、三万三五四〇円が「同情会」に返戻されている事である（返戻未済金は一万五三〇円で全体の二四％に過ぎなかった）。清朝末期の中国では、子弟を日本に送り出すだけの財力を持った家庭が少なくなかった事もあるだろうが、蔡の意向を違えることなく、日本側の友誼に誠意をもって応えた中国人士が多かった事は肝銘しておく必要があるだろう。

三 「日華学会」の設立とその活動――留日中国人学生支援の実相

(1)「日華学会」の設立

日華学会は、一九一八年五月「渋沢男爵、内藤久寛氏等諸氏カ、熱心ニ此種事業ノ必要ヲ感セラレ、予等亦予テ中華民国留学生ニ関シ、講究スル所アリシヲ以テ、渋沢男爵等ト商議ノ結果、茲ニ先ツ少数同志ノ者申合セ、発起者トナリ」[12]、設立に至ったとの経緯が『日華学会二十年史』(一九三九年)に記載されている。

こうした動きが生まれた一つの背景には、内藤久寛(日本石油社長)が、前年(一九一七年)秋、中国公使の日置益と中国各地を訪問した際、面談した元留学生たちが、日本留学が芳しくなかった旨を訴えたためとされる。遺憾に思った内藤は、留日学生の待遇改善が焦眉の課題と捉え、渋沢栄一たちに善後策を相談したという事情があったのである[13]。さらに、一九一八年三月、「日中共同防敵軍事協定」を結ぶ動きが表面化したのに反発した留日中国人学生一〇〇〇名余が、抗議のため帰国する事件が起こっていた[14](協定自体は同年九月締結)。それも、留学生への対応を根本から練り直す事が必要となった理由の一つである。

そうしたなか、かつて「支那留学生同情会」が集めた基金のうち、貸与残額と返済額を合わせた三・七万円余(現在の二億円弱)が手つかずの状態である事に眼をつけ、それを基金として、一九一八年五月に日華学会を設立させ、中国留学生支援活動を展開していくことになるのであった。

設立の際に示された「日華学会設立趣意書」には、次の理念が掲げられていた。

日華両国ハ、古来修交尋盟相互ニ関連セル歴史ヲ有シ、特ニ封疆近接シ、自然ノ形情、唇歯輔車、相依ラサルヲ得サルモノアリ。

方今中華民国ノ人、学術技芸ヲ研修センカ為、来東スル者多シ。是等負笈遠遊ノ人ハ、概ネ言語ノ不熟、住食ノ不便等諸般ノ事情ニ因リ、其ノ目的ヲ達スルニ於テ、障碍少カラサルカ如シ。然ルニ之ニ対シ、紹介斡旋ヲ為スヘキ、施設ノ備ハサルハ、吾人ノ常ニ遺憾トスル所ナリ。茲ニ聊其ノ闕漏ヲ補ハンカ為、日華学会ヲ設置シ、本会規程ニ列記スル事項ノ遂行ヲ期セントス。惟フニ東亜ニ於ケル文化ノ発達ハ、育英ノ道ニ依ラサルヲ得ス。本会ノ事業ニシテ、日華両国共同ノ福利ヲ増進シ、輔車相依ルノ一助トナルコトヲ得ハ、洵ニ幸甚トスル所ナリ。[15]

つまり、中国人留学生に対し、住居等の福利厚生を提供することで、相互の関係性を深めたいとの目的が抽象的ではあるが、ここに示されていた。

日華学会設立主唱者のひとり山本条太郎（三井物産、一九二七～二九年満鉄社長）の具体的な説明も見ておこう。

将来国民の中堅となるべき留学生に悪寒を抱かせて両国親善、東亜共存の大義が実現されやう筈はない。（中略）第一に留学生に悪い印象を与へるものは、下宿と不親切な教育だと思う。冷酷と薄情と誘惑の淵と言っても可い位だ。（中略）本会は第一に中流以上の家庭を留学生に周旋し、氷のような下宿屋の暗室から救い、真に日本人の温情を以て、抱擁したいと思っている。次には、学校の選択周旋をもし、実地見学や実習の紹介をも試み、留学生の為、図書館及び民国に予備校を設立し、教育実質の改善をも予期している。[16]

つまり、「将来国民の中堅となる」中国人留学生の住環境（下宿）と教育環境を改善することにより、日本に対する好印象、さらには友好意識を醸成しようとしたことが窺えるのである。

ここで、日華学会創立期の役員等の陣容を紹介しておきたい[17]。まず、会長には、小松原英太郎が就いた。小松原は、文部大臣を一九〇八から一一年に歴任した文部官僚で、当時は、「東洋協会」会長であった。また、一九一二年から八年間は拓殖大学の総長にも就いていた。一方、理事には、内藤久寛（日本石油社長）、山本条太郎（三井物産）、白岩竜平（日清汽船、東亜興業）が就き、常務理事として、保善工業学校（のち安田学園）校長の浜野虎吉が就いた。顧問には、渋沢栄一のほか、清浦奎吾（枢密院議長、のち首相）、近藤廉平（日本郵船社長）、益田孝（三井物産）、豊川良平（三菱合資会社管事）、田所美治（文部次官、のち貴院議員）、岡部長職（帝国教育会長、外交官、司法大臣、枢密院顧問官）、山川健次郎（東大・京大総長）、沢柳政太郎（東北帝大、京都帝大総長、成城学校長）、江庸（中華民国留日学生監督）等の政・官・財・教育界から、それぞれの顔役が就任した。さらに、評議員は、二〇数名が指名されたが、帝国大学、各官私立高等専門学校職員および文部・農商務・外務三省の当局者などが就いた。

会長職については、初代会長の小松原が、一九一九年一二月に急逝した後、渋沢が一時的ながら、一九二〇年四月から同年九月まで二代目の会長となっている。その後釜に座ったのは、徳川慶久だったが、一九二二年一月に逝去し、細川護立が四代目を継いだ（一九四四年、日華学会が、新組織の「日華協会」に統合吸収されるまで、細川が会長を継続した）。

（2）「日華学会」の活動内容

ここでは、「日華両国共同ノ福利ヲ増進シ、輔車相依ル」ことを目指した「日華学会」の具体的な活動を見ておきたい。

表5－4　日華学会が設置した寄宿舎一覧

設立年次	名　称	場　所
1918年12月	第一中華学舎	本郷区湯島天神
1920年11月	第二中華学舎	本郷区駒込
1921年12月	第一中華学舎（移転）	下谷区谷中真島町
1924年２月	大和町学舎　女子寮	小石川区大和町
1924年３月	翠松寮	牛込区山吹町
1929年12月	中野学寮　女子寮	中野区高根町
1935年12月	東亜寮	神田区西神田
1937年５月	平和寮	麹町区飯田町

砂田實編『日華学会二十年史』(1939年)。

①留学生宿舎の設置

日華学会が、真っ先に取り組んだのが、喫緊の課題にあげられていた留学生宿舎の改善である。すなわち、組織が誕生して間もない、一九一八年一二月に、本郷区湯島天神に借家を得て、「第一中華学舎」を開設した。入居募集をしたところ、ただちに満員になるほどの人気だったという（表5－4のように一九三七年までに七つの宿舎を創設している）。

②日本語予備教育の実施

一九二五年には、傘下の組織として、東亜高等予備学校を開校した。この学校は、留学生教育者として高名だった松本亀次郎が、一九一四年に設立した日本語学校を譲り受けたもので、留日学生の多くは、まずこの学校で日本語の基礎を修得した後、諸学校・大学に進学していった。なお、松本亀次郎の教え子には、魯迅や周恩来など、歴史に名を残した人物が多数含まれている。

③財政基盤の強化

一九二〇年九月、徳川慶久会長が「中華民国留日学生寄宿舎、同予備学校及び日華会館設置に付、国庫補助下付の儀に付願」を提出し、翌年度から文部省の補助を受けることができた。さらに、一九二三年度には「対支文化事業」[18]特別会計法が制定され、外務省に文化事業部が置かれたため、そこから補助金が支給されるようになった。また一般からの寄付も、一九一八年から一九三七年度末までに二九万二三四八円が寄せられている。その内訳を紹介すると、最大の寄付者は中国東北部に利権を持つ満鉄で四・五万円、三井・三菱もそれぞれ三・六万円の大口の寄付をしている。一方、個人の最大寄付者は、一万七七五〇円を寄付した門野重九郎（日本商工会議所会頭、大倉商事会長などを歴任）だった。[19]

④中華基督教青年会への補助

一九〇七年に、東京で創立された中華（留日）基督教青年会は、キリスト教精神に則り、中国人留学生の人格向上を目指す社交機関[20]であった。ところが、一九二二年四月に起きた浦賀水道地震で建物が破損してしまう。これに対し、日華学会は、まず一万円を寄付したが、理事職にあった渋沢栄一等の協力を得て、日華実業協会の援助の下に、一般からも寄付を募り、四万円を集めた。その結果、翌年六月には再建落成式を挙行することができた。この義捐活動には、留日学生のみならず、中国本国からも謝意の声が多く届き、当時の曹錕大総統は、渋沢など、日華学会の理事一同に勲章を贈っている。

⑤関東大震災時の留学生救援

一九二三年九月一日に起こった関東大震災は、中国人学生にも著大な影響を与えた。日華学会は傷病者の医療看護や炊き出しを連日行うとともに、外務省に赴き、留日学生に対する支援を要求した。それもあって、外務省は日本郵船会社に船舶の用意をさせ、希望者を無料で帰国させた。都合五回にわたる船便で帰国した学生は四五二人に上り、また一人当り、五〇円の救護金が外務省より与えられた。

なお、この震災で横浜地区に住む留学生を中心に二五名が命を落としている。日華学会は、翌年九月一日、東京・本郷に「民国留学生癸亥地震遭難招魂碑」を建設し、死者の法要も行なっている。[21]

⑥一九二七年の蒋介石クーデターにかかる日華学会による留学生への経済支援

一九二七年四月一二日、上海で、蒋介石が反共クーデターを敢行し、四月一八日には、南京に国民政府を樹立したが、その混乱のなかで、仕送りが途絶した学生の経済援助も行っている。その経緯については『日華学会二十年史』を抜粋して紹介しておきたい。

中華留日学生は官私費を論ぜず、近年来本国動乱のため、学資送付の途を絶たれ、困難せるもの少なからず。就中、湖南・江西両省学生の如きは、共産党の勢力範囲に在りて、官費は取消され、私費も亦家庭の送金を阻止せられ、困難其極（中略）本会は、寄付金の募集に着手し、去る五月末より運動を開始し、各方面へ懇請の結果、七月下旬までに金三九〇〇円の寄付を得て募集を終了せり。[22]

⑦来日中国人に対する諸便宜の斡旋

日華学会は、留学生だけでなく、来日した中国人が日本の諸機関（学校・図書館・工場等）の見学を希望した場合、積極的に斡旋している。すなわち、見学先との交渉や宿舎の提供、当日の案内等であった。[23]

⑧『日華学報』の発刊

日華学会の機関誌として『日華学報』が一九二七年八月に創刊され、一九四五年一〇月号まで、通巻九七号が発刊されている。[24] この雑誌の創刊主旨について、日華学会常務理事・山井格太郎による「創刊の辞」（第一号、一九二七年八月）の一部を引用しておく。

本学会本来の性質が、政治外交以外に超然たる如く、雑誌亦此範囲を逸出する事は出来ぬが、しかし、学術雑誌として社交雑誌として、内外専門大家の高論卓説、及び留学生の研究発表を歓迎する（中略）最も本学報の特色とする所は、留学生、学校、寄宿舎、渡来視察団に関する報告、通信を収録し、特に民国教育部、同公使館、学生監督処、文部省、外務省文化事業部、各学校よりする諸報告等に最も重きを置き、ただに留日民国学生及び視察団の之に頼り、便益を得るのみならず、本国にある学生の赴東遊学に志ある者、亦之を観て、留学の津梁と為さんことを期するに在る。

以上のように、日華学会は、留日中国学生に対する支援を諸方面から行ってきた団体であり、また財界関係者が積極的に関わっていた点に、特色を見出すことができるだろう。

四　渋沢栄一の中国への「想い」——中国人留学生・教育関係者などとの交流

（1）渋沢栄一の中国への「想い」

渋沢の中国に対する憧憬は、「論語」を重んじた事からも明らかなように、孔子の故地であるという想いがその背景をなしていた。たとえば、次の発言にはそれが集約されている。

歴史上から見ても地理上から考えても、中華民国と我が国との関係は、はなはだ古く、千幾百年の昔に始まっている。両国が互いに極東に位置せる点より言っても、日華の相親睦すべきは何人も異議を唱える所はなかろう。（中略）余の常に崇敬する孔孟列聖が支那の人なるを思う時は、支那に対する余の感じはますます深き親しみを増すのである。（略）ゆえに日支親善は、余の衷心より冀望して、これについての努力を惜まざる次第である。[25]

これは、「素朴なる両国親善待望論」とも言えるが、経済人・渋沢にとって、「二十一ヶ条要求」（一九一五年五月）以降の不全な状態を回復する事は、きわめて重要な課題となっていた。そのため、渋沢が立ち上げたのが「日華実業協会」（一九二〇年六月設立）である。日華学会での渋沢は、「顧問」等として比較的後方から支援する立場を取ったが、「日華実業協会」は会長職に鎮座し、積極的にリーダーシップを揮った。その気概は、一九二一年六月の「日支親善の要諦」と題する講演などから窺える。

日支両国間の親善は事実において出来ていない。（略）不完全である。（略）今頃の西洋カブレの人には笑われるかも知れないが、支那の学問には崇敬の念を持っている。現在の支那には同情の念に堪えぬ。自分は現に日華実業協会の会長を勤めている。渋沢老いたりといえども、日支親善には微力を尽くしたいと常に忘れた事がない。実業界も政治上においても支那に対してはヤリ方が悪かったがため、親善ができない。（中略）。日本及日本人は常に彼らに対し同情の念をもって臨まなければならぬ。孔子が言った「恕」の一字が最も大切である。[26]

ここで渋沢が用いている「恕」は「思いやり」を含意する言葉だが、中華民国の巨頭・蒋介石と会談した際もこの語をキーワードに用いている。すなわち、一九二七年一〇月に、東京・飛鳥山の私邸で会談した際、蒋に対し、孔子の「恕」の意味の大切さ、そして「己の欲せざるところ、人に施すことなかれ」が両国の平和を保証するものであると述べると、蒋が「ただ今の論語のお話は深く肝に銘じて忘れません」と返したという(27)。

一方、蒋介石は、渋沢主宰で開かれた日華実業協会関係者会食会において、中国での「日貨排斥運動」について、「一つには日本の政府が支那の軍閥を援助するから、この勢いを強めるのでありまして、(中略) 同様に実業家も、軍閥を援け、ある種の野心を行おうとしておるだろうと想像して、日貨排斥を行うのであります。(中略) 軍閥援助を止せばよいのであります。(中略) 革命に奔走しておる知識のある者と共に、東亜のため事を計ってやるというお考えになって頂きたいのであります(28)」と、論理明快な批判を展開していた。

さて、渋沢の死後六年経った一九三七年三月の事である。中国を訪問した日本財界使節団が、蒋介石に面会する機会を得た。その時、蒋は次のように語ったとされる。

十年前自分は日本を訪問し、張群とともに渋沢老子爵にお目にかかった。その時渋沢さんは自分に論語を渡され、この本を勉強されるようにと言われ、論語の中の『己の欲せざるところを人に施すなかれ』の一節を開いて、『これは友人の間のみでなく広く国際間にも適切なる金言であるから、日支両国関係もこの金言を基礎として結合して行かねばならぬ。我々も常にこの金言を服膺して居るが、この論語の言葉によって両国の調和を図るようにして欲しい』と言われた。自分は今でもその時渋沢さんから頂戴した論語の本を書斎に置いて、その言葉に背かないことをねがっている(29)

渋沢が重視した「恕」の語、あるいは論語の一節は、日本側の軍事的圧力等により、結局のところ活かされることがなかったと嘆く蒋介石であるが、そこには未来に対する一片の期待が込められていたようにも思えるのである。

(2) 渋沢による訪日中国人、留日中国人学生への対応

「恕」に拠って、日中親善を進めたいとする渋沢栄一の考えを、渋沢在世時に戻り、もう少し確認していきたい。一九二七年に発刊された『青淵回顧録』には、渋沢の「対支政策の根本義」[30]が収められている。その中で、「支那に対する外交は根本から間違って居る」と断じた上、「どうも所謂恩威のみを以て交って居り、敬愛の情が乏しい（略）乏しいというよりは寧ろ無い」とその態度を厳しく批判した。そして、「実業界の人々にも、もう少し心して支那に対して貰ひたいと思ふ。支那の同業の人々が敢て日本の実業家を信頼せぬとは言はぬけれども、さう忌み嫌ふ様な情を持たせぬやうにする方法があるであらう。是等は啻に政治上の働きばかりでなく、実業界の人々の心配によって、或は日本に来る留学生に対し、もう少し温情を以て接待してやるといふ事も出来るであらう」と述べている。

この発言は、「支那留学生同情会」や「日華学会」を組織した渋沢の意図をはっきりと示しているだろう。さらに渋沢は、こうした営為を重ね、「所謂国と国との外交のみでなく、国民と国民とが真情を以て交はるといふ国民外交の実を挙げる様に勗めなければならないと信ずる」とも加えている。ここで言う「国民外交」なる語は、現代で言えば、「民間交流」に近い概念である。いずれにしても、これは、政府当局者とは異なる人士のネットワークを強固にすることが、国際関係の安定に貢献するという考えであり[31]、そこには、将来を担う留学生たちにも当然のように大きな期待が寄せられていたことが分かるのである。

ところで、『渋沢栄一伝記資料』の第三十八・三十九巻には「外賓接待」の節が設けられ、一五款に分けた紹介がされている。一款から一四款までは、各国の元首や軍人または文化人等が原則として一人一款ずつ取り上げられており、中国関係は、「中華民国国民党党首　孫文」（四款）、「中華民国前総理　唐紹儀・殷汝耕」（八款）、「中華民国前革命軍総司令　蒋介石」（一四款）の三つ（人物でいうと四名）となっていた（ちなみに、一四款までで挙げられた人

士の国籍は、中国・インド各三、米国・英国各二、フランス・ベルギー・ロシア・メキシコ各一であり、この計算法だと、中国は最頻出の国となる)。

一方、一五款目は「其他ノ外国人接待」とされ、一三の国・地域の賓客三一一組の名前等が列挙されている。この中で最多は二二七組を数える米国で、圧倒的一位だった(全体比七三%)。それに次ぐ二位は中国で、三〇組(全体比九・六%)だった。そのあとは、一三組のイギリス、さらに一一組のフランスであった。つまり、この資料からは米国に次いで、中国の客人を接待する機会が多かった事が分かるのである[32]。

ここにあげられた中国からの賓客三〇組の中から、特色あるものを紹介しておきたい。

まず、元駐日大使・汪大燮[33]が、大正天皇に「中華民国最高勲章捧呈の使命を帯び」、一九一七年に来日した際の歓迎会での遣り取りである。その場で、汪は、「青淵先生が能く官民の間に立ちて、国の為めに尽瘁せられつつあるは、予の切に感激せる所なりとて、大使自身も亦、今後は須らく青淵先生の心を以て心とし、倍々日支両国の経済的親善に努」めたいとの挨拶をした記録が残る[34]。一九〇二年に「清朝留学生監督」として赴任した経験を持つ汪であるがゆえ、渋沢を両国の親善を繋ぐ重要なキーパーソンとして捉えていたことが分かるのである。

教育関係者の来日に対しては、一九二一年一月の奉天教育参観団二九名への歓迎会(上野精養軒)出席[35]のほか、一九二三年四月には、中華基督教青年会および日華学会所属中華学舎在住者一二名を飛鳥山の自邸に招待することもしている[36]。

中華基督教青年会の建物が地震で損壊した際、渋沢等の援助により修繕がなった事は、先に触れた。一九二三年六月にその修復落成式が挙行された際、渋沢は、「目下支那本国に於ては排日運動旺んにして、忌はしき報道を耳にするも、それはそれとして、今日日本人の尽力に依りて、留日学生諸君の為めに会館の修築落成を告げたるは、洵に喜ばしき事なり[37]」と述べている。留日中国人学生の集う宗教系団体に対し、渋沢たちが尽力貢献している営為をアピールすることにより、中国の若者による「排日運動」への牽制をしているとも理解できるだろう。

このような「排日運動」への対応については、一九二四年一〇月に、渋沢邸を訪問した陳達なる人物の役割についても注目しておきたい。陳については、小川愛次郎（当時、中国に在住。人物の詳細は不明）が、渋沢に宛てた紹介状から、概略を知ることができる。すなわち

陳氏は未だ若年には候へ共、将来ある人物に有之、京都大学経済科の出身にて、現在武昌商科大学教授を致居り、中華学芸社湖北支部、華鄂学会等の牛耳を把り、熱心なる日支提携論者ニ候。昨年当地方排日以来、日支両国人関係改善の為め、頗る努力致居り、小生共在留者が両国人融和の為め、種々画策する上に於て不可欠の相手に候。右御含みの上、何卒十二分の御指教御鞭撻を賜り度奉懇願候。予て御配慮を願、補助金参千円を日華実業協会より支給さるることに相成候。当地漢字新聞「中報」なども氏の尽力に依るもの多く、幸にして異状の発展を遂げ、今日にては当地四十余種の日刊新聞中、二・三番目に位する有力新聞に相成候　云々。[38]

長い引用になったが、日本留学経験者であり、中国での文化関係者の「牛耳を把り、熱心なる日支提携論者」である陳に対し、日本側が資金援助をすることにより、対日世論を少しでも良い方向に転じようと画策していた一端が窺えるのである。

一九二六年七月には、上海南洋大学童子団（ボーイスカウト）一行を飛鳥山の邸宅に紹介している。ここで学生たちに接した渋沢は、新聞記者に次の談話を与えている。

敢て支那のみといはず、外国の少年諸君を迎へて、国際心を子供の中からやしなふことは、私の年来の持論

である。今般計らずも支那の少年団を迎へる事は、この望みの一つを果たす意味ばかりでも、私は非常に喜ばしい。ただ招待するといっても、無暗に金をかけて華美に流れ、心にもないお世辞を述べてほんの一片の外交的な方法は私は絶対に反対である。少年諸君に対しては、真心をこめてお迎へし、親切に日本人の心持なども説明しなくてはいけない。従来日本へ留学した支那の人たちが当然親しみが多かるべきであるのに、帰国の上往々排日の急先鋒となるのは、つまり日本人が隣国の親友である事を忘れ、思はしからぬ待遇や真心のない素振りをするので、そんな事になるのである。それを考へ、これを思ひ、決してこの少年団諸君に対しても、軽々しいお祭気分などになってはいけない(39)

ここからは、元留日学生が帰国後「排日の急先鋒」になっているという現実を、「真心をこめたお迎へ」により改善しようという渋沢の強い意志がはっきりと確認できる。

時代は前後するが、「日華実業協会会長」としての渋沢が、同会の第二回総会（一九二二年六月）において、第一次世界大戦で領有した山東半島の青島に、「中華民国ノ青年ニ現代商業ニ関スル必要ナル智識ヲ授ク」ことを目的とした「青島商科大学」を作る提言をしていたことも紹介しておきたい。「還附記念」の文化事業とすることも企図したその企画は、結局実現しなかった。しかし、日華実業協会がこうした事業に関わろうとしたことも、渋沢たちが文化・教育面での日中緊密化を目指した一事例と考えて、良いかもしれない(40)。

しかし、留日学生に対する支援活動などによって、日中親善あるいは関係改善を図ろうとする行く先には、青島大学建設の頓挫を含め、困難な要素が次々と立ちはだかっていく。

一九二三年の関東大震災に際し、日華学会が、留学生の帰国支援をしたり、また不幸にも死した学生の供養塔を建てるなどの緊急対応をした事を既にみた。しかし、日華学会および渋沢栄一が、震災直後に起こった中国人殺害事件への対応に苦慮したことにも触れておく必要があるだろう。

それは「王希天事件」である。中華基督教青年会の幹事および中華民国「僑日共済会会長」を務めていた王希天（一九一九年第一高等学校予科卒業）が、震災後の一〇月一二日、拘留されていた亀戸警察署から、習志野連隊の軍人によって連れ出され、斬殺されてしまう惨事がおこった。同じ時期に進行していた朝鮮人虐殺ももちろん大問題ではあったが、「外国人」である王希天を故なく殺害した事は外交問題に発展すること必定であった。(41)

中国留学生の支援に関わっていた日華学会は、その対応として、一二月七日に「王希天事件報告会」を開催している。そこに渋沢も「出席せらる。細川会長以下列席す。新聞記者小村新三郎なる人、其調査の顛末を報告して、亀戸事件（引用者註—王希天殺害）は新に日支国交上の痛恨事なり。由来我官辺の対支方法は不親切極まれるものなれば、今後の善後策につきては、渋沢・細川両氏以下、民間有力者の斡旋に俟たざる可からず。願はくは、適当の方法を講じて、徹底的に解決せられたしといへり。因りて、子爵等は篤と攻究の上、其言ふ所、果して事実ならば、外務当局にも進言する所あらんと答へらる」云々。さらに、三日後の一二月一〇日に、渋沢が、「五時、伊集院外務大臣を官邸に御訪問。過日日華学会にて、小村新三郎より報告せる顛末を詳述して考慮を求めらる。大臣は其意を諒したるも、之を如何に処置すべきかは即答すること能はずといへり」という遣り取りも残されている。(42)

しかしながら、最終的にはこの事件の真相は究明されずに、うやむやにされてしまう。外務省は、渋沢からの働きかけを事実上、無視黙殺したのである。しかし、渋沢もそれ以上は、この事件について厳しい追及を続けることはなかったのである。

留学生宿舎の改善などに努め、留日中国学生が気持ちよく修学できる環境づくりに勤しんだ日華学会や渋沢栄一の営為は、それ自体としては高く評価できるものである。しかしながら、「排日意識醸成の阻止」といった政治的な思惑も内包していた事、さらに震災の混乱下で起きた虐殺事件を追究しきれなかった事などは、当時の日本社会が抱えていた問題を、ある意味でそのまま体現していた点は、問題として加えておかざるを得ない。

（3）日華学会による渋沢栄一の追悼文

渋沢栄一が未来の日中関係を担うべき人材である留学生への支援に力を尽くしたことは間違いない。しかし、実際のところ、渋沢側および日華学会側に、渋沢が果たした役割を具体的かつ明確に示す史料はさほど多く残っていない。そうした中、日華学会の機関誌『日華学報』三〇号（一九三一年一二月号）に、渋沢の追悼文が、中国語で掲載されていた事には注目される（同誌は、日本語力が不十分な中国人に配慮して、時折、中国語による文章が掲載されていた）。渋沢が日華学会で果たした役割を、中国の人々に理解してもらいたい、という強い意思が表れていると理解されるため、長文であるが、筆者が日本語に翻訳したものを以下にすべて掲載したい。

中日親善の棟梁渋沢栄一翁を弔する

九〇歳を越えて世を去った渋沢翁は、ある日、笑って孫と曾孫に曰く、「私は一〇〇歳まで生きる」と。その言葉はなお耳に残るが、その人は既に亡くなってしまった。世事は夢のようで、悲しまざるを得ない。

渋沢翁は天保一一年に生まれ、弘化・嘉永・安政・万延・文久・元治・慶応・明治・大正・昭和の一〇代を経験し、その人格の立派さを、そして事業の偉大さを、比べられる人は少ない。特に翁の性格は寛厚で、頼まれれば、喜んで成し遂げる。学校創建・会社経営・社会紛争など、渋沢翁が引き受け解決したものは数えきれない。人が渋沢翁のことを日本文化事業の産婆と称するのも、誉め過ぎではない。彼が明治維新以来、一日千里の早さで、日本文化・社会および経済などの事業に貢献したことは、実に書き尽せない。そのため、渋沢翁の一生は、即ち日本財界文化発達史であると称する人もいる。

翁はまたわが日華学会の創立者で、本会の会長という要職も務めたことがある。近年では本会顧問だけであったが、中日文化の提携に尽力することを、亡くなるまで怠ったことはない。ここでは幾つかの事例を記し、もって中日両国の関係者に知らせることにしよう。

翁は日本の私設大使とも称されていた。それは日本の偉大な国際交際家として、よく世界各国の名士と交際するためである。中で、最も重視したのは中日及び日米の国際親善であった。

大正六年[43]に中国は内乱の影響を受け、留学生の学費がそのために中断した。中で最も苦しかったのは私費生である。当時、翁は友邦青年の困窮に忍び難く、遂に中国当局と協議し、進んで中華留日学生同情会を組織した。日本の朝野も噂を聞いて行動し、遂に想像以上の成績を挙げた。留学生の困窮も、とうとう改善ができた。また同時に翁は中国数千の学生の苦しい現状を目撃し、心を動かした。そのため長期にわたる関係機関の設立を謀り、尽力した。同情会にはちょうど残金があり、それを基金に当て、故小松原英太郎と内藤久寛、白岩龍平、山本条太郎、浜野虎吉諸氏と相謀り、日華学会の創立に至ったのである。

学会最初の施設は、ただ親切第一主義の下で、寄宿舎を経営していた。その後会務が日々に発展し、設備もまた少しずつ増加し、現在に至っては、館山の夏季寄宿舎を加えて計算すれば、六ヶ所の多さになった。そこで友邦の男女学生を収容し、平均で百八〇余名に至る（現在は時局の関係で、半数に減った）。けれどもこの一四年の間、本会事業は充実していた。それはみな翁が両国親善に意を払い、絶えず努力した賜ものである。

翁は諸事業に対して、虚名を追う事を拒んでいた。これは翁の最大の人格的表現である。そのために大正一四年以前、翁はよく本会の理事会に出席した。会務に対してもよく指導して、またよく本会経営の寄宿舎を訪問し、留学生の実状を視察しながら、学生と共に飲食していた。九〇に近い老人が、足元がおぼつかない中、急な階段を昇降し、その情感の熱烈さと心の誠実さは、常に周りの人々を感泣させていた。

翁は上に立っても驕らなかった。この点は、一般人の及べない所である。翁は全ての使役に対して、一切叱責を加えず、怒った顔を見た人も恐らくなかった。かつて翁は伊藤博文公の依頼で、京釜鉄道の仕事を務めた。翁はそこで働いていた朝鮮人がよく鞭で叩かれていたことを見て、部下に厳しい言葉で戒め、「京釜鉄道で仕事をする朝鮮人に対し、絶対に暴力を加えてはいけない」と言った。職工頭はそれを聞いて、難色を示したが、工事が終ってから、報告書の中に「鞭で叩かれた人は一人もない。職工頭が監督するのが難しかった際には、水を掛け（注意し）た」という記述があり、それは一時美談として伝えられていた。

翁は日朝融和と中日親善に関しては、常に身の危険を顧みないでいた。それはみな人類相愛の一念によるものである。翁は宗教信徒ではないとはいえ、喜んで救世軍司令山室中将と交際している。そして翁は最も論語の実践道徳を愛した。晩年になっても手放さず、約二寸五分大の論語の本が三冊も破れるほどに読み続けた。

大正一二年から外務省が文化事業部を特設して以来、友邦名士及び学生などが来日し、参観者が絶えなかった。翁は米寿（日本の習慣で八八歳は米寿）[44]を迎えた後、一切の公職を辞退したとはいえ、閑暇の中で、友邦人士と親しく交際することを好んだ。学生も多く招待され、翁はよく中国先賢の言葉を引用し、中日両国の関係に照らすことにしていた。また自分で翻刻した論語を一部ずつ贈り、翁と接触・談話した経験のある人々の多くは、深い感慨を持つことができた。

この夏、友邦で百年に一度という未曽有の水害が起こった事が伝えられた。翁は病気で起きられなかったが、慨然として中国水害同情会会長の職に就いた。しかも自宅用の無線電話を用い、日本全国国民の同情を喚起しようとした。このような熱心と気力は、まさしく千年の模範となろう。翁の病気はこれで更に悪化するかもしれないとも言われたが、翁は、人のために真に犠牲となり、世界で儒教道徳を真に実践した人であった。

東亜情勢が風雲急を告げる中、翁は突然に亡くなった。前途を遥かに眺めると、惨然たる思いである。しかし翁の徳は必ず千古に残り、後世の典範となるだろう。ここで言葉を記し、翁を讃えたい。

以上であるが、渋沢が中国人留学生を支援する日華学会の重鎮であった事、さらに、当該期の日中関係において、比類ない存在であったことを切々と回顧している事が直截に伝わる追悼文であることは間違いないだろう（中国語によるこの追悼文を認めた著者が誰かは不明である。しかし、中国の事を「我が国」ではなく、「友邦」と表現していることから、日華学会周辺の日本人ではないかと推測される）。

五　日中交流に渋沢栄一が果たした役割

日本政府が中国に対し、政治的圧力をかける態度に転じた一九一〇年代半ば以降も、渋沢栄一は、経済や文化の交流を通じた共存関係を望み続けた。辛亥革命時における「支那留学生同情会」、またその基金を元にした「日華学会」をめぐる渋沢（たち）の営為は、中国に対し、様々な回路を通じ、相互理解と関係の強化を図ろうとした営為として評価できるものだろう。

渋沢自身は、中国留学生支援活動に関して、必ずしも最前線に立ち続けた訳ではない。しかし、『日華学会二十年史』は、「渋沢子爵は本会創立以来、一時会長の任に就かれた事もあったが、全体を通じて顧問の地位に居られ、会務全般に亘り、常に指導的努力を払はれし事は、本会の最も感銘すべき事である」。「本会創立者の枢軸として重きを為したる許りでなく、余程高齢なるにも拘らず、理事会其の他本会関係者の会合に概ね臨席して、協議に参与して、会務の指導、事業の進展発達に尽された事は関係者一同の感激措く能はざる処にして、永久に明記せねばならぬ(45)」との高評をしており、渋沢が、会の精神的物質的支えであったことが確認できる。さらに、機関誌上に、中国語による異例の追悼評伝が掲載された事については、既に紹介した通りである。

渋沢栄一の秘書を長く務めた白石喜太郎が、渋沢を偲んで発刊した『渋沢翁の面影』[46]の中に、渋沢と中国との関係をまとめた節がある。そこでは、「東亜を見ると、青淵先生と因み深き国々がある。それは支那であり、印度である」とした上、「支那に対する先生の努力は容易ならぬものがあった」とした上で、日華学会での役割に触れている。曰く、「日華学会は支那の学生を世話するのが目的で、侯爵細川護立氏が会長に据り、常務は理事山井格太郎氏が執って居る。先生は顧問であるが、ノミナルではない」云々。「ノミナルではない」とは、「名目・形式だけでない」という意味で、渋沢が日華学会に格別の意を払っていた事情が強調されている様子が窺える。同じ節内では経済人・渋沢にとって、より重要に思える「日華実業協会」および「中日実業会社」も取り上げられているのだが、日華学会の叙述の後ろに置かれていた。軽重から言えば、配置が逆にも思える。しかし、白石は経済交流を目指した両団体に劣らぬ役割を、日華学会が果たしていたと、捉えていたが故の配列であったと見なすこともできるのではないだろうか。

渋沢栄一が九一歳で世を去ったのは、一九三一年一一月一一日のことであった。渋沢がさらに長命を保ったとしても、日中全面戦争は避けることはできなかったであろう。しかし、生前期の渋沢が、既知の中国知識人・実業家、また将来の日中関係を担う留学生たちを通じ、「提携調和」を追求し続けた営為の再検討を、そこに内包されていた問題点も併せ見ながら行っていく事は、現在の日中関係に照らしても、非常に大きな意味を持つのではないかと考えている。

註

（1）見城悌治『渋沢栄一――「道徳」と経済のあいだ』日本経済評論社、二〇〇八年。

(2)　近年、中国で、周見『渋沢栄一与近代中国』（社会科学文献、二〇一五年）が出版されている。同書では本章で取り上げる事象も扱われているが、本格的な論説が展開されている訳ではない。
(3)　山室信一『思想課題としてのアジア』岩波書店、二〇〇一年。
(4)　さねとうけいしゅう『中国人留学生史』くろしお出版、一九六〇年。
(5)　辛亥革命と日本社会の対応等については、大里浩秋・李廷江編『辛亥革命とアジア』（御茶の水書房、二〇一三年）に最新の知見が収められている。なお、同書内で、見城は「辛亥革命と千葉医学専門学校留学生」と題する論説において、千葉医専に留学していた中国学生たちによる赤十字隊結成や学校からの支援について紹介している。
(6)　砂田實編『日華学会二十年史』（以下、『二十年史』と略）一九三九年、一一頁。
(7)　「同情会」をめぐる叙述は、前出『二十年史』。また『渋沢栄一伝記資料』（以下、『伝記資料』と略）三六巻に所収されている「支那留学生同情会」（八八～九三頁）を参考にした。
(8)　「支那留学生同情会の実況」『竜門雑誌』一九一二年三月号（『伝記資料』三六巻、八八頁）。
(9)　註（7）の『伝記資料』には、「東京官私立五十一校、地方官私立校六校を算せり」との記載があるが、『二十年史』（一四頁）は、四十七校とし、その校名が掲げられている。そのため、本章では、取りあえず後者を参考にして、表5－1を作成した。
(10)　註（7）に同じ。
(11)　「中華民国政府教育部総長来翰」『伝記資料』三六巻、九一頁。なお、原文の中国語を筆者が日本語に意訳したものを掲げている。
(12)　「日華学会設立に就て」前出『二十年史』、七頁。
(13)　「本会設置の必要」前出『二十年史』、一〇頁。
(14)　『竜門雑誌』一九一八年六月号に掲載された「日華学会設立の挙」には、「日支親善の緊要なることは、彼我朝野の氏の斉しく絶叫し熱望しつつある事乍ら、其実現に到っては、口善く之を唱ふるも、実之に伴はざるの憾あり。最近に於ける日支防禦協約の交渉説一度び世上に伝はるや、在留支那留学生は其真相を誤解し、猥に憶測を恣にして、悲憤慷慨陸続として帰国するもの一時千名を越たりと称せらる」云々とあり、「両国間の親交をして益強固ならしめんが為めに結ばれたる日支親善の協約」が誤解されてしまうような状況を断固改善する必要がある旨が述べられていた（『伝記資料』三六巻、九四頁）。
(15)　前出『二十年史』、五頁。
(16)　註（14）に掲げた「日華学会設立の挙」中に、「国民新聞」に掲載された談話として引用されている（『伝記資料』三六巻、九五頁)。

(17) 以下の陣容については、『二十年史』、二二〜二四、五四頁。

(18) 阿部洋『「対支文化事業」の研究』、汲古書院、二〇〇四年。

(19) 前出『二十年史』、四三〜四四頁。

(20) 渡辺祐子「もうひとつの中国人留学生史――中国人日本留学史における中華留日基督教青年会の位置――」『明治学院大学教養センター紀要カルチュール』五巻一号、二〇一一年。

(21) 前出『二十年史』八九〜九三頁。

(22) 「中華留日学生救助に関する報告」(『伝記資料』三六巻、一四六〜一四七頁)。

(23) 前出『二十年史』七〇〜七一頁。孫安石「戦前中国人留学生の「実習」と「見学」」(大里浩秋・孫安石編『留学生派遣から見た近代日中関係史』御茶の水書房、二〇〇九年)。

(24) 『日華学報』全九七巻は、二〇一二年にゆまに書房から復刻版が出されている。見城は大里浩秋氏・孫安石氏とともに監修・編集にあたっている。

(25) 渋沢栄一「日支親善の根本策」『上海公論』一九二〇年五月号。

(26) 渋沢栄一「日支親善の要諦」『帝国新報』一九二一年六月二八日付。

(27) この会談で、渋沢は中国の経済的発展が焦眉の課題であることを説いたが、一方の蒋は、国民革命の完成が必要であり、日本がそれを阻害しない事を求めたとされる(「蒋介石氏来訪」『竜門雑誌』一九二七年一一月号)。

(28) 「支那人往復(二)」(『伝記資料』三九巻、三一〜三二頁)。

(29) 『朝日新聞』一九三七年三月一七日付(『伝記資料』三九巻、三九頁)。

(30) 小貫修一郎編『青淵回顧録(下)』一九二七年八月、四一四〜四一六頁。この「対支政策の根本義」が書かれた正式な年次は不明だが、「日貨排斥が行われている」云々の表現が含まれるので、蒋介石が来日した前後ではないかと思われる。

(31) 片桐庸夫『民間交流のパイオニア・渋沢栄一の国民外交』藤原書店、二〇一三年。

(32) なお、渋沢が接待した人士の国籍別の五位以降を挙げると、ロシア七、インド五、カナダ三、ベルギー・デンマーク・朝鮮各二、ドイツ・イタリア・ブラジル各一、不明五となっていた(『伝記資料』三九巻、四〇〜七五〇頁)。

(33) 汪大燮(一八五九〜一九二九)は清朝官吏であったが、一九〇二年に清国留日学生監督となる。その後イギリス公使を経て、一九一〇年には駐日公使となる。中華民国成立後は熊希齢内閣の教育総長に就任したり、段祺瑞内閣の交通総長や外務総長などを歴任した。一九二二年には一ヶ月だけであるが、臨時国務院総理にも就いた。

(34) 「汪特派大使の感激」『竜門雑誌』一九一七年四月号、八三頁（『伝記資料』三九巻、一五二頁）。

(35) 『日華学会第四回報告』一九二一年（『伝記資料』三六巻、一二〇頁）。

(36) 『日華学会第七回年報』一九二四年（『伝記資料』三六巻、一二七頁）。

(37) 「中華留日基督教青年会館修築落成式」『竜門雑誌』一九二三年七月号（『伝記資料』三六巻、一二八頁）。

(38) 渋沢栄一宛小川愛次郎書簡（一九二四年一〇月一四日付）（『伝記資料』三九巻、三〇二頁）。

(39) 「「若き支那」の象徴・童子軍　きのふ渡日の途に」『東京日日新聞』一九二六年七月二〇日付（『伝記資料』三九巻、三八〇頁）。

(40) この「商科大学」は、将来的には総合大学にすることが目指されていたが、まず「商科」が選択された理由には「大ナル金ヲ掛ケルト云フ訳ニモ行カ」という資金面の問題もあったとされる（山本一生『青島の近代学校』皓星社、二〇一二年、一〇八～一一八頁。なお、山本が参照した原史料は「日華実業協会第二回総会議事速記録」『伝記資料』五五巻、一九〇頁など）。

(41) 王希天事件を当時の日中関係に照らして考察した論考に、武藤秀太郎「東日本大震災と関東大震災からみえる日中関係」（御厨貴・飯尾潤編『別冊アステイオン　「災後」の文明』阪急コミュニケーションズ、二〇一四年）、武藤「関東大震災をめぐる日中関係」（川口浩編『日本の経済思想』ぺりかん社、二〇一六年）がある。

(42) 「渋沢子爵懇話日録　第二」（『伝記資料』三六巻、一三五頁）。

(43) これは一九一一年（大正元）の辛亥革命時の「支那留学生同情会」の事と混同誤認していると思われる。

(44) 渋沢が「一切の公職を辞退」したのは、「喜寿」を迎えた一九一六年であり、「米寿」は誤りである。

(45) 前出『二十年史』五九頁。

(46) 四条書房、一九三四年、三二六～三二七頁。

第六章　女子教育の近代化と渋沢栄一

——「女大学」から日本女子大学の創設へ——

任　夢渓

一　渋沢栄一と女子教育

渋沢栄一は一八四〇年（天保一一）に生まれ、一九三一年（昭和六）に亡くなるまでの九一年間、幕末・明治・大正・昭和にわたり、幕臣・維新政府（大蔵省）の官僚として、また、約五〇〇社にのぼる企業、銀行などを設立・運営した実業家として、日本経済だけでなく、民間外交、さらには社会・公共事業にも大きく貢献した。まさに「時代の児」[1]である。

渋沢は六〇〇におよぶ社会公共事業にかかわる施設や機関を創立、あるいは経営し、教育事業にも力を注いだ。商法講習所（現・一橋大学）、早稲田大学、同志社大学、二松学舎など錚々たる学校の創設に関与しただけでなく、女子教育にも積極的にたずさわった。一八八六年（明治一九）、伊藤博文と共に女子教育奨励会を設立し、その二年後（明治二一、一八八八年）、東京女学館（現、東京女学館中学校・高等学校）を開校している。さらに、成瀬仁蔵（一八五八〜一九一九）の女子教育理念に共鳴し、一九〇一年（明治三四）に日本女子大学校（現・日本女子大学）の創立に財政面で援助するのみならず、学校の運営にも尽力した。「女子を人として、婦人として、国民として教育する」[2]ことを教育方針として、皇后・王妃をはじめ、声望ある政治家、教育家、各国使者および夫人など多数の外国人を招きさまざまな講演を開催し、みずからも五〇回近く女子大学生の前で講演を行なっている。[3]

しかし、渋沢は当初から「女子を人として、婦人として、国民として教育する」という教育観を有していたわけではなく、時代の推移とともに、その女子教育観および女性観も次第に変化していったといえる。渋沢の生涯を顧みると、五つの時期に分けられる。それは、(1)尊王攘夷の志士として活躍した時期、(2)一橋家の家臣となった時期、(3)幕臣としてフランスに渡った時期、(4)明治政府の官僚となった時期、(5)実業人となった時期、である。[4]そして、渋沢の女性観にも身分や立場の転換に伴い、一定の変化が見られる。渋沢の女性観には「男女平等」などを主張する成瀬の教育思想の影響も見られるが、夫を助ける妻、子女を正しく教育できる母という「良妻賢母」[5]を理想とする傾向は首尾一貫していたようである。しかし、この「良妻賢母」も時代の変遷とともに、内包する意味が変化していくこととなる。すなわち、第一、第二期（一八六七年まで）の理想像は「女大学」式良妻賢母、第三、第四時期と第五時期の初期（一八六七年～一九〇一年前後）の理想像は「和魂洋才」式良妻賢母、第五時期の半ば（一九〇一年日本女子大学の設立）からの理想像は国民としての良妻賢母である。

本章では、渋沢の講演、談話、雑誌に掲載された文章に基づき、女子教育や女性に対する認識の変化をふまえつつ、渋沢が女子教育に尽力した理由を考察し、日本女子教育の近代化の一端を明らかにしたい。

二　渋沢栄一の女性観および女子教育観の変遷

(1)「女大学」式女性観から「和魂洋才」式女性観へ

渋沢栄一は武蔵国榛沢郡血洗島村（現在の埼玉県深谷市血洗島）の豪農の家に生まれ、儒教の教えによって育てられた。幼少時より『論語』をはじめ、四書五経などを学んだ。特に生涯を通じて孔子の思想に最も影響されていたといえる。「道徳経済合一論」という創見を提示した『論語と算盤』を著述しただけでなく、最初の女性観も孔子の「女子と小人は養い難し」[6]という考えに則り、「女大学」に代表される儒教的女性観を信じていた。

「女大学」は、江戸時代に盛んに出版された女子教育用の教訓書の通称である。「女大学」シリーズの出版は後世、とくに近代の女子教育思想に多大な影響を与えることとなるが、その起源は、一七一六年（享保元）、大阪の柏原清右衛門と江戸の小川彦九郎により刊行された、貝原益軒（一六三〇〜一七一四）の「教女子法」を基礎とした女子教訓書『女大学宝箱』である。[7]「女大学」では、女子が良い妻、賢明な母になるよう教育するため、「三従四徳」[8]、男女内外の秩序、[9]貞・順・孝など儒教的な理念を強調している。つまり、幕末に育てられた渋沢が最初に接した女性観は「女大学」式良妻賢母、すなわち、男性に従順であり、貞節観が強く、家庭の維持と子孫の養育に専念する女性像であった。

「良妻賢母」という言葉は、近代期に日本から中国に伝えられた観念でもある。中国には「良妻」[10]と「賢母」[11]は独立する語として存在しており、「良妻賢母」という熟語は、一九世紀末に日本から輸入されるまで存在しなかった。[12]しかも、一八八〇年代中期に日本で形成された「良妻賢母」観念は、「女大学」式の良妻賢母とは異なるものである。ここでは、まず渋沢の「女大学」式良妻賢母の女性観について分析しておく。

一九二九年（昭和四）一〇月二九日に渋沢事務所で開催された第二六回雨夜譚会で、渋沢は次のように回想している。

> 孔子の所謂女子と小人は養ひ難しと云ふのを信じ、貝原益軒の女大学式の説を尤だと思ってゐた。欧羅巴へ行って男女の交際を目撃して、「これではいかぬ。日本人の婦人に対する考は間違ってゐる」と云ふ事を痛切に感じたのである。けれども私は儒教式の考を全然捨てたのではない。全然男女同権を認めるなどと云ふ説に

は同意し兼ねる。「男女はどうしても本能的に相異る所がなければいけない」と云ふ点は私は今猶信じて居るのである。[13]

ここに見られるように、ヨーロッパに行くまでの渋沢は、儒教、とりわけ貝原益軒の儒教的女性観に賛同していた。ヨーロッパを訪問することにより、渋沢は西洋文明に感銘を受けたものの、儒教的な考え方をすべて捨て去ることはできなかった。ここからも、儒教的女性観が渋沢に与えた影響の深さが窺える。後述するように、このヨーロッパ訪問が渋沢に与えた影響は大きく、これが要因となって、彼の女性観に最初の変化が生じることとなった。しかし、どのような意味や意義を「良妻賢母」に付け加えても、女子は家を治め、子弟を教育すべきだという儒教的女性観は、渋沢の女性観の根底にありつづけたようである。このことは、「青淵百話」[14]に掲載された談話からも窺える。たとえば、次のようにある。

婦人に対する理想としては、先天的にして変化なき形貌の上を望むよりも、此の心の持ち方一つで如何にでも遷転され得る「行ひ」の方に対して多きを望まねばならぬ。換言すれば理想的の妻としては、形貌の上よりも心の方に重きを置かなくてはならぬのである。[15]

貞淑は婦人の生命である。[16]

居常に其の中庸を取って、総てに穏当なる振舞をするやうに仕度いものである。女子は何事に依らず中和を得難いものと見え、極端から極端に走るやうな風があるものだが、これは未だ世に立たぬ処女時代から努めて直す様に心掛けることが必要である。[17]

特性とは即ち、貞操、従順、優美、緻密、耐忍といふやうなもの、此等の性格を完全に具有する女子が真の女子であらうと思ふ。故に余は此の特質の教育に重きを置いてあった幕府時代の「女大学」的教育を廃棄せよといふものではない。女子に対する東洋的の教育は今日と雖も其の性格上には必要と認めるものであって、決してそれ等の点に反対はしないのだ。[18]

渋沢がここで強調しているのはほかでもなく、貞淑な言動や貞操などを重んじる儒教的女性観である。このほか、従順、優美、緻密、忍耐などの特質も東洋女子教育の特質として肯定され、そのような性格を有する女子が渋沢の理想像となっている。これも渋沢が西洋の女子教育観と対面しつつも、「女大学」的教育を廃棄すべきではないと考えた重要な一因である。これ以外に、一八九一年（明治二四）に定められた渋沢家の「家訓」の第三則「子弟教育ノ方法」にも女子の教育が書かれ、「貞潔ノ性ヲ養成シ、優美ノ質ヲ助長シ、従順周密ニシテ、能ク一家ノ内政ヲ修ムルコトニ馴練セシムベシ」[19]とされている。さらに、一九二九年（昭和四）二月の『竜門雑誌』第四八五号に載せられた渋沢の談話「私は今の婦人にかく望む」[20]に、「私は若い頃、儒教によって育てられました……それで婦人に対しての、私の考へを私の流儀から云へば、男は外に女は内にと云ふことになります。そして婦人はどこ迄も貞操の念つよく、又万事に緻密であり、淑やかであらねばならぬ、などと云ふのですから、勇壮に、活潑にといふ現代の流儀とは大分趣を異にしてゐるのであります」と明言しているように、渋沢は儒教の教えに深く影響され、女子教育においても儒教的な教育内容を採用していた。ここには、家庭における男女の職分区別、貞操観念、慎重かつ従順な淑女といった女性像などが見出せる。

本節で挙げた資料は渋沢栄一が若い頃に書いたものではないが、回想として渋沢思想の変遷を表わしていると思われる。「女大学」式女子教育理念が渋沢の女性観に大きな影響を与え、時代の変遷をさまざまに経験しても、儒教的女性観の特色（容貌より心、貞潔、従順などを重視）をもった女性像の希求は変わることがなかったのである。儒教の女性観は渋沢栄一の女子教育観の基盤となり、女性を評価する重要な基準ともなった。

前述のように、「女大学」式女性観の持ち主だった渋沢は、幕府使節団の一員として一八六七年（慶応三）に開催されたパリ万国博覧会に参加し、ヨーロッパの文明に触れ、「日本人の婦人に対する考は間違ってゐる」と痛感し、大きな感銘を受け、渋沢女性観に動揺を促すことになった。

「日本を世界的な標準に引上げる」[21]ため、ヨーロッパでの経験を活かして各種制度の確立や社会基盤の整備、さらに日本の実業界・社会公共事業の発展に尽力した渋沢は、当時の首相伊藤博文（一八四一～一九〇九）が主張する女子教育事業振興に共感を持っていた。一八八五年（明治一八）、伊藤博文が内閣を組織する時、古来の日本の習慣に合わせた大宝令によって定められた制度に、西洋の風習を加味する改革を実施した。この制度改革について、渋沢は以下のように述べた。

只単に文物を改革するばかりでは駄目である。昔のやうに婦人が家の内に引っ込んで居て、人にも余り接しないと云ふ風ではいよいよ日本婦人は社会におくれ、外国の婦人達に劣るところが多いものとなるからといふので、婦人も男子と同様に社交場裡にも出て、外国の人達とも交はるやうにと計ったのであります。かうした交際を上手にし新しい事物にふれて行くには、学生時代からこれをしこまなければならないと云ふので、その年に女学校（東京女学館）が設立されました。かうした時代にふさはしい婦人を作り度い、又婦人の地位を高め度い、そして外国の人達にも劣らないやうにと――尤もかういふ事は各人によって思ひ思ひであったでせうが、いろいろ論議の末、欧風を加味するやうに努めたので御座います。[22]

ここに示されているように、渋沢が日本婦人を新たに教育する契機となったのは外国人（西洋人）との交際である。西洋と対等な関係を築くため、女子教育の目標は、時代にふさわしい、西洋の社交的マナーを身につけた日本婦人を養成することに置かれたのである。すなわち、西洋の礼儀、慣習を日本人に理解、習得させようとした。こうして上流社会の日本婦人が西洋を理解し、欧米の社交マナーを身につけるため、一八八六年（明治一九）、渋沢は伊藤博文と協力して女子教育奨励会を創設し、二年後、さらに東京女学館を創立した。一九二四年（大正一三）、渋沢は東京女学館の館長となった。東京女学館の教育方針に、西洋人との社交に必要な常識とマナーをもつ女性を育成するという、鹿鳴館時代の上流家庭子女のための女子教育観が反映されていることからも、当時の渋沢の女子教育観は明らかである[23]。常に夜会などを開催した鹿鳴館時代の風潮は、多くの学者や教育者に「贅沢」、「軽薄」などと否定されたが、渋沢はこのことに関して、以下のように述べている。

実際此の事は「伊藤が馬鹿なことを考へる」と一概に云ふことは出来なかったので、自ら上流の人々はそれに共鳴すると云ふ風でありました。然し嫁して家庭をつくつた人達よりも、娘の時からその稽古をして相当の身柄の家なら一通り西洋式の対応も出来るやうにし、夜会へ出たなら、踊らないまでも、その心得があると云ふ位のことは必要である、それには此等を目的として、女子の教育をする学校をつくる必要があると云ふことになり、そこで一つの学校が出来るやうになりました。これが即ち東京女学館であります[24]。

このような見解が示されたのは、渋沢も娘たちに夜会で舞踏の付き合いをさせたことがあるからである[25]。渋沢はダンスを西洋の社交手段および礼儀の一種と見なし、女子教育を通して、西洋流の社交マナーを日本に定着させようとしていたのである。渋沢にとって東京女学館の設立は貝原益軒の「女大学」教育を廃棄するのではなく、かえって「女大学」という家庭教育の補足として、女子の必要な社会的教育を推進することを意味していた。

この時期の日本における女子教育の教育理念には、大きく分けて二つの方向性が見られる。一つは福沢諭吉(26)を代表とする欧米教育主張派、もう一つは西村茂樹(27)を代表とする儒教復古派である。しかし、渋沢の考えはどちらの派に属するものでもない。彼の考えでは、この時代において、「女大学」式女性観は時代遅れであり、かといって福沢諭吉の女子教育観も十分なものではなかった。したがって、渋沢は両者の教育理念を取捨選択して時宜にかなう女性観を生み出した。彼は「青淵百話(28)」で、次のように述べる。

例へば貝原益軒の「女大学」は昔こそ唯一の婦道の教科書であったであらうが、今日の時代に於ては最早あのまゝでは満足されぬこととなって来た……併し乍ら余の考へでは、福沢先生の「新女大学」にも未だ飽き足らぬ点があると思ふ。それは忠孝の思想が稍々薄くはあるまいかといふ節である。尤も「新女大学」の出た頃は維新後を承けた思想界の迷乱時代で、楠公の湊川戦死を目して権助の首括りと同様であると称せられた時であったから、先生が忠孝思想に余り重きを置かれなかったのも、謂わば時代の弊を矯めようとした言かも知れぬ(29)。

貞淑、優美、緻密、嫻雅等東洋流の婦人の特色はこれを貝原氏の「女大学」式に学び、智能の啓発はこれを福沢氏の「新女大学」式に則ったならば、恐らく過無きに庶幾いであらう。今両者を批評すれば「女大学」は智の方面に欠くる所があるし、「新女大学」は忠孝節義に足らぬ節が見える。して見れば此等両「大学」は現代婦人を教訓する上に於て互に幾分の欠点があるから、此の両者の長を学び短を捨て、其の中庸を採ってこれを婦道の目標とするならば、極めて穏当なるものが出来ようと思ふ(30)。

ここに見られるように、渋沢の考えでは、益軒の「女大学」も福沢の「新女大学」も今の女子にとって最良の教科書ではなかった。「女大学」に学ぶべき点は主に儒教的な教養である。「新女大学」に学ぶべき点は智（知識）の方面である。このような、精神面では日本古来の慣習に従い、知識や技能の面では西洋に学ぶという手法はまさに「和魂洋才」の女子教育への応用であり、この特徴を備えた渋沢の女子教育理念を「和魂洋才」式女性観としたい。「和魂洋才」という概念は平安時代に成立した「和魂漢才[31]」に由来し、同様の語として中国には「中体西用」、朝鮮には「東道西器」がある。

要するに、幼少期より儒教に接していた渋沢は、西洋の技術を取り入れつつも、生涯を通して東洋の精神を忘れることはなかった。『論語』に代表される儒教は、渋沢の価値観ならびに人間観の根底を形成した精神的支柱である。このことは、後世の資料においても、渋沢が一貫して儒教的な考えを捨てていないことからも明らかである。渋沢のもっとも根本的な女性観を形成したのは、貝原益軒に代表される「女大学」であるが、渋沢自身が渡欧し、西洋文明に触れたことにより、「和魂洋才」式女性観へと変化したのであった。

「和魂洋才」式女性観は、東洋風の婦人の特色を基礎としつつ、西洋式の礼儀を取り入れるということであり、儒教的女性観と西洋の社交マナーの融合でもある。渋沢の目から見ると、日本の女性は東洋の美徳やしつけを持たねばならないが、西洋の礼儀作法も教養として身につける必要があった。この時期の新しい女子教育は、なお西洋の礼儀作法、社交手段といった表層的な内容にとどまっており、渋沢は実状と教育目標が一致せず、「矛盾撞著が生じたり、齟齬を来したり[32]」したという。当時渋沢は近代女子教育と日本従来の社会体制・家族構成との矛盾が生じる根本的な原因を見つけることができなかったようだが、女子教育の必要性と重要性を痛感したといえるであろう。

（2）「和魂洋才」式女性観から「国民」式女性観へ

一九〇一（明治三四）年四月、日本女子大学の創立は、本格的な高等教育機関の誕生であるとともに、渋沢の女性観を「国民」式女性観に変化させていく契機でもあった。「国民」式女性観は女性を国民と見なして高等教育を与え、有望な次世代を養育しうる「良き妻・賢き母」の役割を果たすことを希求している。このような女性観に大きな影響を与えた成瀬仁蔵の語を借りれば、それは「女子を人として、婦人として、国民として教育する」ことであった。これは日本女子大学の教育方針でもある。

成瀬の影響のもと、渋沢は当初心配していた「女子が学問をして言葉多ク品寡シ[33]」という考えを転換し、「女子にても高等の学問をする者には、其の程度も男子と同一にしてよい[34]」と高等女子教育を認めるようになった。成瀬が渋沢に与えた影響は、渋沢の講演や談話などに見られる。たとえば、次のような記述がある。

女子の学問する場所には、高等女学校以上のものが無いとしては余りに女子を侮辱して居る。女子の中でも優秀抜群の人物で才智あることは勿論身体も健全に資力も充分それに伴うて居らねばならぬと思ふ[35]。

善良なる婦人の腹から善良なる子供が多く生れ、優れた婦人の教養に因って優秀の人才が出来るものである。その最も適切な例は彼の孟子の母の如き、ワシントンの母の如き夫れであるが、我が国に於て楠正行の母、中江藤樹の母の如きも亦皆賢母として人に知らる丶ものであった。近くは伊藤公、桂公の母堂の如きも賢母であったと聞いて居る。兎に角優秀の人才は其の家庭に於て賢明なる母親に撫育された例は非常に多い[36]。人類社会に於て男子が重んずべきものとすれば、女子も矢張社会を組織する上に其の一半の責を負うて立つ者だから、男子同様重んずべきものではなからうか。

言ふ迄も無く女子も社会の一員、国家の一分子である。[37]
女子教育の結局の目的は、良妻賢母を養成するに外ならぬことであるから、教育の任にある者は此の的を外さぬ様に心掛け、而して学問を修養せしむると共に、女子の特性を充分に発揮せしむる様にして貰ひ度い。これ真に今日以後に於ける理想的女子教育であらうと信ずるのである。[38]

ここからも明らかなように、渋沢は高等女子教育の最も重要な目標を女子の知識と見識を高めることによる、次世代教育の発展促進に置いている。渋沢は、女性が独立した社会の一個人として働くことよりも、あくまでも、社会の主たる構成員である男性を妻として補佐し、母として生み・育てることに重点を置いているのである。また、渋沢の講演、談話や新聞記事などを見ても、女子を良妻賢母に養成することが最も多く言及されている。もっとも、この時代に求められていた新時代の女性像は、本質的には儒教が理想とする女性像とは異なる。そのため、中江藤樹や孟子の母などの逸話を持ち出してすり合わせを行ない、儒教の文脈において新時代の女性像の価値づけを試みたのである。

このように渋沢の「良妻賢母」像は、みずから「時代の推移と共に良妻賢母の意義も変化してゆくものだと考へる」[39]とまとめたように、以前の「良妻賢母」と異なり、優秀な子女を教育しうる女性の家庭職分を、国民の義務として女性に求めたものである。しかし、渋沢が想定する「良妻賢母」はやはり東洋の特質を持った女性像である。具体的には次のように述べている。

以上論ぜし所を彼れ此れ斟酌して稽へ、茲に余が理想とする良妻賢母に比須なる条件を挙ぐれば、第一婦人たるに背かざる容姿あることは言ふまでもないが、更に智識あること、貞淑なること、緻密なること、優美なること、嫺雅なること等の諸条件を欠いてはならぬ。[40]

ここに見られるように、婦人らしい容姿、智識、貞淑、緻密、優美、嫺雅などの言葉が渋沢の理想とする良妻賢母のキーワードとして挙げられている。これらの特質は先に検討した「女大学」式女性観とほとんど変わらない。ここでは、さらに「婦人たるに背かざる容姿あること」が第一の重要な条件と位置づけられている。容姿という表面的なものを強調するのは一見儒教の教育理念と矛盾しているが、渋沢のいわゆる「婦人たるに背かざる容姿」は美貌ではなく、「婦人のたしなみ」[41]ということでもある。すなわち、外見上の美醜にこだわるのではなく、せめて外見からみて女らしいことを女性に注意してもらいたいということである。また、「緻密」、「優美」、「嫺雅」はどちらかというと女性の表層に属するものであるが、ここには深層における内面的修養が足りないと、心が落ち着いた状態を外に表わすこともできないという渋沢の女性観も反映されている。[42]

要するに、日本女子大学時代の渋沢は、すでに女子が学問によって傲慢になると困ると考えるような人間ではなかった。そして、渋沢が望む良妻賢母像も貞操・淑徳などの道徳修養だけでなく、学問知識もそろえねばならない、いわゆる知徳兼備の女性像になっていくのであった。この時期には、西洋に学ぶ内容も表層的な社交マナーから深層的な教育理念や学問知識へと変化していくようになり、女子教育、とりわけ高等教育の近代化の促進が目指された。女子教育の目的は女子本人のためというより、むしろ母親として国や社会に貢献する重責を担うことが重視されているように見えるのだが、それはともかく女子高等教育（高校、女学校）ですら一般に受け入れられがたい時代に、女子も男子と同様の教育を受ける女子大学教育機関の創立および発達に捧げた渋沢の精神は、無視することができないと思われる。

三　女子教育事業に貢献した渋沢栄一――日本女子大学を中心に

(1) 成瀬仁蔵と渋沢栄一

成瀬仁蔵と渋沢栄一は一八九六年(明治二九)に初めて対面した。渋沢の回想によると、ただ二、三回の面談で、成瀬仁蔵を「珍らしい人物だ、有為の丈夫だ」[43]と思うようになったそうである。キリスト教を信じ、大阪梅花女学校(現、梅花女子大学)の専任教師となった成瀬仁蔵は、神の前では人は平等であるというキリスト教の教義に基づき、一八八一年(明治一四)女性の役割を解説した『婦女子の職務』を刊行した。翌年から八年間、成瀬は牧師を務めていたが、アメリカへ留学するため、一八九〇年(明治二三)に牧師を辞任した。アメリカに留学中の成瀬は主として女子教育を研究し、各地の女子大学、社会事業施設等を見学した。日本に女子高等教育機関を設立しようという構想をもつ成瀬は一八九四年(明治二七)一月に帰国し、三月に梅花女学校の校長となった。中等教育機関である梅花女学校を高等教育機関に改革しようとして実現できなかった成瀬は、一八九六年(明治二九)、女子高等教育機関を設立する必要性を提唱した著書『女子教育』を出版した。「女子を人として、婦人として、国民として教育する」ことを主張した成瀬の女子高等教育の方針は、女子の半分以上が小学校に通わない当時において、きわめて進歩的な考えであった[44]。同年、成瀬は梅花女学校を辞任し、女子大学の設立運動に着手し始めた。

女子大学設立の賛同者を得るため、成瀬は財界の重鎮である渋沢栄一のみならず、伊藤博文、西園寺公望、内海忠勝、大隈重信、山県有朋など多くの政治家や教育者をたびたび訪ねた。これら有力な協力者の中の一人として、渋沢は成瀬の懸命に努力する姿と熱意に感動し、日本女子大学の創立に積極的に携わっていった。一九〇一年(明治三四)四月二〇日、日本の将来の良妻賢母たる者を育成するための日本初の女子高等教育機関である日本女子大学校が誕生した。ここには年齢・職業を問わず、全国から五一〇名の新入生が集まった。

しかし、女子大学拡大運動の唱導やインド詩人タゴール来校への対応、さらに『女子教育問題』、『進歩と教育』、『女子教育改善意見』など女子教育に関する専著の出版活動などで忙殺された成瀬は一九一九年（大正八）、享年六〇歳で死去する。

成瀬はこの世を去ったが、その「女子を人として、婦人として、国民として教育する」という教育理念、および日本女子大学を総合大学にするという志は残された。成瀬から深い感化を受けた渋沢はその後も、その教育理念を普及し、遺志を実現するために力を尽くした。

まず、渋沢は折に触れ、成瀬を追懐し、成瀬への感謝と敬意を表していた。たとえば、次のような記述がある。

私は女子を大学迄進める事は一方には経営の困難を思い、一には教育を与えた婦人が世に立ってどうかを懸念いたしました。高等女学校ですら問題になっている時にまして女子の高等教育機関が何のよるべき所もなくて果してよく組立てらるるかどうかを大なる疑問としました。併し成瀬校長はかかる事には少しも顧慮せざるもの如く、一意専心其理想を行って行かれました。果して関係者は其熱誠に深き感動を与えられ次第に助力する人を増して参りました。私もその一人なのであります。(45)

故成瀬校長の勝れた所は今更私がくど〳〵しく申し上ぐる迄もなく皆様御承知の事と思ひますが、殊に私の最も感じたことは意志が強固であったこと、又事に当って精神の集中力の非常に強い方でありました（中略）自分の思つたこと、自分の一旦信じたことはどこまでも徹底する迄これを追究して止まない精神を有つて居られましたから、人から見れば脱線した様に思はれることもありましたが、つまりそれほど熱心に、且つそれほど真面目な方でありました。(46)

本日本女子大学が二十二年の星霜を重ねて斯くの如き今日を見るに至つた事は偏に故校長の強固なる意志と、熱心なる希望と、徹底的の精神を以て猛進された結果であります。[47]

これらの語からは、渋沢が成瀬を敬愛していたことがわかるし、渋沢の女子教育に対する考えの変遷や日本女子大学への長年の支持も窺えるであろう。ここに示されているように、渋沢は当初、成瀬の女子大学創立に懸念を持ち、経営問題や高等教育を受ける女性が東洋の美徳を損なうことを心配したものの、成瀬の不屈の信念に感服し、加えて長年の実体験と接触を通して、成瀬の教育理念を認めるようになったのである。

また、渋沢の講演や談話などを見ると、成瀬の日本女子大学を総合大学にするという遺志に共鳴する渋沢の切実な気持ちがよくわかる。たとえば、成瀬の一周忌において、渋沢は次のように述べていた。

私共男子側ではまだ相談が充分に出来なかつたがために、今日いまだ故校長の前に報告し得ぬ事を遺憾に思ひますが、併しこの目的は決して忘れては居られないのであります。何れも老躯をひとつさげて大に成すある事を期して居りますからこれを一言霊前に言っておきたいと思ひます。[48]

また、成瀬が逝去した三年後（一九二二年）の日本女子大学の卒業証書授与式で述べた祝辞においても同様の心境を見ることができる。

爾来私共はその遺志実現のために力を尽きさうと決心してゐるので、まだ完全に総合大学に応ずる事の出来ぬのは財務委員の私として赤面の至りでありますが……[49]

渋沢は「老躯をひとつさげて大に成す」と決心したが、初等教育や中等教育がまだ十分に発達していない明治・大正時代の日本において、女子に高等教育を授けるのは「無用の長物」、「有害の僻事」[50]とされていた。日本女子大学校第二五回生編『成瀬先生追懐録』に掲載された渋沢栄一の「成瀬君のこと」からも、当時の人々の女性や女子教育に関する認識を知ることができる。

成瀬君は女子大学校創立最初の時から女子総合大学と云ふ事に就て頻りに主張されました。が当時は婦人に就ての考と云ふものは、矢張「之を近づくれば不遜、之を遠ざくれば怨む」と云ふやうであつたりまた楽翁公の云はれた「婦人辞を識れば云々……」「なくてもよいものは婦人の才」と云ふ如き思想で支配されてゐた時代でありましたから成瀬君が女子総合大学の主張を以てしても直ちに之を実現する事の困難なのは勿論、理解する人さへなかつた位でありました。然も成瀬君の主張はその当時から女子総合大学を以て女子大学設立の希望としたものであったのであります。[51]

ここに明らかなように、成瀬が目指した女子総合大学の設立は当時の社会状況とはるかに距離があった。「なくてもよいものは婦人の才」という女子教育観の時代に、成瀬の高等女子教育理念を理解する人は少なかったが、女子教育の必要性と重要性を感じた渋沢は成瀬の女子教育観に共感しただけでなく、成瀬に協力して高等女子教育機関の設立と運営にも携わり、実際の行動でさまざまな援助を提供していた。

また、前にも触れたが、キリスト教に深く影響された成瀬とは違い、渋沢は儒教の教えによって育てられた。渋沢は「女子を人として、婦人として、国民として教育する」という教育主旨を当初は理解できなかったが、良妻賢母を養成するという女子教育の目的は最初から互いに合致していた。女子教育に熱心な渋沢は、財政面では、日本女子大学の財務委員として仕事をしただけでなく、日本女子大学に合計二〇万八五〇〇円を寄付している。[52]しかも、みずからの知名度や影響力を利用して、女子教育に懐疑的だった信越地方[53]や関西地方[54]に巡回して募金や女子高等教育の普及に努めた。日本女子大学の創設が女子教育の新たな幕開けを告げるものであるとすれば、渋沢栄一はその幕開けの手助けをしたことになる。

（2）日本女子大学と渋沢栄一

前に触れたように、日本女子大学設立の前に、渋沢は女子教育奨励会と東京女学館の設立・経営に精力を注いだ。一九二四年（大正一三）には、さらに東京女学館の館長となった。東京女学館は上流社会の子女が社交上必要な西洋風知識を獲得するための学校であった。設立された年もちょうど鹿鳴館時代（一八八三〜一八八七）にあたり、その教育法も当然欧州式であった。しかし、軽薄で贅沢な鹿鳴館の女子の風俗は世間の怒りを買い、盲目的に西洋を模倣する日本人の姿を批判した人は少なくなかった。著名な教育者である西村茂樹（一八二八〜一九〇二）もその一人である。こうして入学者が次第に少なくなり、経営問題で苦しんでいた渋沢が、成瀬の女子大学設立の計画を聞いたのはこの時である。さまざまな困難を経験していた渋沢は、はじめ成瀬の女子大学創設について相当憂慮した。[55]「女子教育を発達させ度いとの老婆心がある」[56]渋沢が日本女子大学と関係を結ぶのは、一八九六年（明治二九）、大隈重信を通して成瀬の女子大学設立の運動を知り、その熱意に動かされ、創立委員となったことに端を発する。

前述したように、その後、渋沢は評議員に就任し、多額の寄付や建物の寄贈などの財政面における支援のみならず、女子高等教育の推進のための講演や国際交流活動などの経営面からも、積極的な支援を行なった。さらに、日本女子大学がどのように発展すればよいかについても慎重に考慮した。このことに関しては、ハインツ寡夫人というアメリカの法律家との会話から窺うことができる。

一九二〇年（大正九）にハインツ寡夫人は日本を訪問した際、渋沢に「貴下は女子大学を現状のままで満足するか、満足しないとすればどの程度まで発達させる御意向であるか[57]」と質問をしているが、その際、渋沢は以下のように答えている。

無論満足はして居ないが、物事には順序があるから、一足飛びの急進主義には賛成しない。漸進主義で堅実に発達させたい希望だ[58]。

ここからわかるように、判断が慎重な渋沢は当時の女子教育の現状に満足はしていないものの、急に現状を変える急進主義ではなく、漸進主義により堅実に発展させていくことを想定していた。また、一九二三年（大正一二）の『家庭週報』に掲載されている日本女子大学第二〇回卒業式の講話からも、渋沢が女子教育を漸進的に発展させたいと考えていたことがわかる[59]。この前に、「青淵百話」でもこの時期を「女子教育の過渡期[60]」と位置づけ、まだ十分に社会に理解されていない日本女子教育の現状を提示している。

ハインツ寡夫人はまた、男女全体の教育方法についても尋ねているが、これについても渋沢は「欧米は基督教国だからそれによって人心は統一せられて居るが、日本は基督教国にあらず、仏教国にもあらず、又古来の神道もすべての人心を支配するまでの力を有たず、各人各個信念の拠処を異にしてゐるから、精神教育を施す際困る事が尠くない。しかし、そこに又自由発展上都合のよいこともあると思ふ[61]」と答えている。渋沢は精神領域（宗教信仰）で相違している欧米と日本は教育においても各自に適合する方法を採用するのが良いと見ていた。特に風紀問題、性別相違や社会的制裁などの問題も含め、欧米を模倣して男女混学の教育形式をそのまま日本の大学に移行するのは簡単なことではないと判断し、日本には日本なりの教育方法があるべきだと考えるようになっていた[62]。

また、日本女子大学を本格的な総合大学に建立するという成瀬の遺志を完遂するために、渋沢は東京女学館時代の経験を活かし、当時の総理大臣浜口雄幸と文部大臣田中隆三を目白キャンパスに招待し、実際に女子大学の環境や日常教育活動に触れることを通して、同大学に対する理解を深める機会を設けるとともに、女子大生への講演会を開催することにも成功した[63]。

ところが、一九三〇年（昭和五）、第二代の校長麻生正蔵（一八六四～一九四九）は日本女子大学を昇格させるために予科高等学部の学生募集を止め、専門学部のみを募集するよう学則を改訂したため、財政面と文部省の認可の両面において問題が生じ、大学は混乱状態に陥った。これに関して、日本女子大学側は『家庭週報』第一〇五七号（一九三〇年一二月）に「再び母校の学制変更に就いて　我等の女子総合大学建設の為に[64]」を掲載し、次のように事態の説明を行なっている。

> 母校の今回の制度の変更を以て、女子総合大学を廃止し又その目的希望をも放棄したかの如くに誤解され危惧視さるゝことである。
> 制度は第二義的である、教育の第一義的立場からいへば制度は実質内容ではない、それ故制度を改正しても直ちに実質内容を変へることは出来ない。
> 経済問題と認可問題に原因して制度が改正されたとしても、之が為めに女子総合大学建設の意志が阻止されたとは断じて考へられない。

このように、大学側は事態の打開に向けて釈明を行なっているが、その後、一般の新聞各紙がこの事態について報道するようになると、日本女子大学を巡る騒動は世間に広く知られることとなった。その結果、校長である麻生正蔵は、学則変更に起因する諸問題および騒動の責任を取り、職を辞した(65)。

このような状況の中、渋沢栄一は九一歳という高齢にもかかわらず、校長に就任したのである。令孫である渋沢敬三（一八九六～一九六三）は名誉的暫定的なこととコメントしているが(66)、小野健知はこれについて、「少なくとも、栄一の場合は、この校長という称号は、決して形式的なものであったり、名誉的な名称を意味するものではなかった(67)」と評価している。筆者も渋沢の校長就任は単なる虚名ではないと思われる。実際、この校長就任について、渋沢は就任発言でその心情と難関を乗りきる決心を次のように述べている。

我身で我身が解らないと申す外はありません。自分としては成瀬校長や麻生校長の驥尾に附随して御世話を申して来たばかりで、浅学な自分、殊に女子教育の経験もなくたゞ単にその大切な事を感ずる一人として、故森村市左衛門さんなどに指導されて力を致して来たに過ぎぬ私が、校長の地位を以て此處に立つ事はまことに不似合ひな事で、我ながら理解に苦しむ處であります（中略）この場合、論語にもある通り「静かに考へ深く慮る」その心で一致協力し、一日も早く「なる程斯うであったか」と貴女方も世間もお肯きになるやうに事を運びたいと願ってをります(68)。

ここには渋沢の謙遜する姿とともに、大学の学生たちや世間に日本女子大学を総合大学として認めさせたいという気持ちも窺える。渋沢が目指した校長としての仕事および期待されていた役割は、「暫定的・名誉的」な校長以上のものがあると思われる。当時教職員代表の島田重祐教授は渋沢の行動に深い感銘を受け、渋沢栄一を「本校の育ての親(69)」と評している。渋沢は校長に就任したわずか半年後に逝去したが、三〇年にわたって懸命に日本女子大学の維持発展に努力し続ける姿を振り返ってみると、その業績はきわめて大きなものがあったことがわかる。

四　良妻賢母主義の影響

本章では、日本資本主義の父と称された実業家渋沢栄一を取りあげ、その女性観の変遷および女子教育への貢献の角度から、女子教育の近代化について検討した。

儒教の女性観は一般に、女子教育の近代化において最も問題となるイデオロギーであり、女性の地位向上を阻害する最大の原因と見なされている。近代化の道筋において、このような儒教的女性観は欧米風の自由民権思想や男女同権論を主張する進歩派人士たちに批判され、それまでの唯一の教育思想としての主導的地位が揺さぶられていった。また、学校教育が次第に整えられるのにともない、伝統の教養よりも新たな西洋の知識が重視されるようになっていく。

新旧交替の時期に成長した渋沢は、人生の転機にともない、女子教育観や女性観も「女大学」式から「和魂洋才」式、さらに「国民」式に変遷していく。ところが、渋沢は西洋の知識や社交マナーを受け入れるものの、東洋の女性の本質とされた「夫を内助し、子女を教育する」理念はほぼ変化していないことも見のがすことができない。渋沢は晩年、国民意識を重視するようになり、徳才兼備の女性を理想の女性像として推奨していたが、それは、日本の地位を推し上げるという、国家や社会への責任感から、次世代を養育する重責を担う母親を養成することを目指しているのである。実際、渋沢の「国民」式女性観は十九世紀末に形成した良妻賢母主義に大きく影響されている。良妻賢母主義により、女子は家族の一員としてだけでなく、国家の一員としての役割も与えられ、内助の役割を発揮することを通して、国民としての義務を果たさねばならないとされた。これらのことを時代の要請に応じて実施していくためには、女子教育の近代化が必要となったのであり、「女大学」から日本女子大学の創設へと展開していったのもそこに理由が求められよう。

渋沢は成瀬仁蔵の女子教育思想の理解者・支援者として、日本初の女子大学の創設や発達に協力するなど、日本高等女子教育の先駆者の一人であるといえる。当初成瀬の女子教育思想を十分に理解することができなかったことに対して、素直に過失を認めたことからも、その磊落な性格、学習の精神、および女子教育への真摯な態度を窺うことができよう。特に、日本女子大学を総合大学に昇格させる遺志を残して他界した成瀬の後継者として、渋沢は実際の行動をもってその目標達成のために尽力し、九一歳の高齢で三代目校長に就任した。これは決して単なる虚名ではなく、難関に直面している日本女子大学を救うためのものであった。これらの行動や貢献をふまえるとき、渋沢は実業界のみならず、日本女子教育事業にも大きな貢献を残したということができるのである。

註

（1）幸田露伴『渋沢栄一伝』、岩波書店、一九三九年、二頁。
（2）成瀬仁蔵『女子教育／女子教育改善意見』（初版の『女子教育』は一八九六年、青木嵩山堂により出版された）、日本図書センター、一九八三年、二九頁。
（3）渋沢資料館編「「女大学」から女子大学へ　渋沢栄一の女子教育への思い」、二〇〇二年、一六～一七頁を参照。
（4）渋沢栄一著、守屋淳訳『現代語訳　論語と算盤』（筑摩書房、二〇一〇年）、二二三頁を参照。
（5）渋沢は「理想的の妻たる資格」に、「人の妻たる婦人に向かって希望する所の理想を一言にして尽くせば「良妻賢母」といふことに帰着する」と言っている（『渋沢栄一伝記資料　別巻第五　講演・談話（二）』、「青淵百話」、渋沢青淵記念財団竜門社、一九六八年）、一三九頁。
（6）『論語』陽貨篇に「子曰、唯女子與小人為難養也、近之則不遜、遠之則怨」とある（『論語今釈』斉魯書社、二〇〇七年）、二七六頁。
（7）「教女子法」はもと『和俗童子訓』の一部で、その巻五に収められていた。また、石川松太郎編『女大学集』（平凡社東洋文庫三〇

二、一九七七年）はこれら「女大学」関連の文献を集めたものである。

（8）「三従」は『儀礼』の「喪服伝」に、「未嫁従父、既嫁従夫、夫死従子」とあるように、女性の役割を示すものである。「四徳」は、『周礼』天官「九嬪」に「掌婦学之法、以教御婦学婦徳、婦言、婦容、婦功」とあり、これが女子教育に取り入れられることとなった。同箇所は、鄭玄注では「婦徳、貞順也。婦言、辞令也。婦容、婉娩也。婦功、絲帯也」と簡単に解説されている。

（9）男は外を主管し、女は内を主管するということ。

（10）『史記』魏世家篇に「家貧則思良妻、国乱則思良相」がある。

（11）『詩経』大雅・文王之什篇に「文王所以得聖、由其賢母也」があり、『戦国策』にも「故従母言之、為賢母也」がある。

（12）李卓『中日家族制度比較研究』人民出版社、二〇〇四年、四四一～四四六頁。姚毅「中国的賢妻良母言論与女性観的形成」（『論集中国女性史』、吉川弘文館、一九九九年）、一一七頁。瀬地山角『東アジアの家父長制――ジェンダーの比較社会学』頸草書房、一九九六年、一三三頁。

（13）「今後の女子教育に就ての御感想」（『渋沢栄一伝記資料　別巻第五　講演・談話（一）』、「雨夜譚会談話筆記」、渋沢青淵記念財団竜門社、一九六八年）、六八八頁。

（14）「青淵百話」は単行本として明治四五年（一九一二）に井口正之に編纂され、同文館から発行された。その後、『渋沢栄一伝記資料別巻第五　講演・談話（二）』（渋沢青淵記念財団竜門社、一九六八年）の中に収録されている。

（15）「理想的の妻たる資格」（「青淵百話」、『渋沢栄一伝記資料　別巻第五　講演・談話（二）』）、一三九頁。

（16）前出、一四〇頁。

（17）「処女の覚悟」（「青淵百話」、『渋沢栄一伝記資料　別巻第五　講演・談話（二）』）、一四三頁。

（18）「女子教育の本領」（「青淵百話」、『渋沢栄一伝記資料　別巻第五　講演・談話（二）』）、一三六頁。

（19）龍門社編『青淵先生六十年史』第二巻（博文館、一九〇〇年）、九五〇頁。

（20）『渋沢栄一伝記資料　別巻第八　談話（四）・余禄』、渋沢青淵記念財団竜門社、一九六九年、一六九頁を参考。

（21）「女子教育に就て」（『竜門雑誌』第五一一号、一九三一年四月、『渋沢栄一伝記資料　別巻第八　談話（四）・余録』）、二二九頁。

（22）「私は今の婦人にかく望む」（『竜門雑誌』第四八五号、一九二九年二月『渋沢栄一伝記資料　別巻第八　談話（四）・余録』）、一七〇頁。

（23）影山礼子、第二回渋沢研究会シンポジウム「渋沢栄一のビジョンと行動――経済観・対外観・教育観を中心として――」基調報告

「教育観」（『渋沢研究』第八号、渋沢史料館、一九九五年）、四八頁。
(24)「女子教育に就て」（『渋沢栄一伝記資料　別巻第八　談話（四）・余録』）二三一頁。
(25) 前出。渋沢が「中にも夜会など催された時に、舞踏のお付合も出来る程度に進めて置かなければならぬからとて、歌や琴にもやらせてくれとのことであつたのであります」というように述べている。
(26) 福沢諭吉（一八三五〜一九〇一）は一八九九年、女性を「自尊自重以て社会の平等線に立たしめん」（『新女大学』）、石川松太郎『女大学集』二六八頁）ことを意図して、儒教の女性観を全般的に否定する『女大学評論・新女大学』を書いた。
(27) 西村茂樹（一八二八〜一九〇二）が編纂した「小学修身訓」や文部大書記となる時期の巡視報告から、その儒教的女性観が察知できる（片山清一『近代日本の女子教育』建帛社、一九八四年、二〇〜二一頁を参考）。
(28)『渋沢栄一伝記資料　別巻第五　講演・談話（一）』の解題に、「青淵百話」は「明治末葉までの翁の活動の報告であり」と記述されている（二頁）。
(29)「理想的の妻たる資格」（「青淵百話」、『渋沢栄一伝記資料　別巻第五　講演・談話（一）』渋沢青淵記念財団竜門社、一九六八年）、一三九頁。
(30)「女子教育の本領」、「青淵百話」、一四一頁。
(31) 日本民族の精神（＝大和魂）と、中国から伝来した学問（＝漢学）の英知。漢才。
(32)「女子教育に就て」、『渋沢栄一伝記資料　別巻第八　談話（四）・余録』、二三一頁。
(33)「日本女子大学校に於ける浜口首相の講演を聴いて」（『家庭週報』第一一〇一号、一九三〇年一月、『渋沢栄一伝記資料　別巻第八　談話（四）・余録』）、一九五頁。
(34)「女子教育の本領」、『渋沢栄一伝記資料　別巻第五　講演・談話（一）』、一三七頁。
(35) 前出。
(36)「女子高等教育論」、『渋沢栄一伝記資料　別巻第五　講演・談話（一）』、一三四頁。
(37) 前出、一三五頁。
(38)「女子教育の本領」、同右、一三八頁。
(39)「理想的の妻たる資格」、「青淵百話」、一三九頁。
(40) 前出、一四〇頁。

(41) 前出、一四〇頁。
(42) 「優美とか緻密とか𡣕雅とかいふことも、形の上のことに属する様ではあるが、精神修養が足りて居らぬと外形によい態度が表はれて来るものではないから、矢張女らしく落ち着いた心を養ふことが必要である」を参照（「理想的の妻たる資格」、「青淵百話」一四一頁）。
(43) 「創業当時の成瀬校長を憶ふ」、渋沢青淵記念財団竜門社編『渋沢栄一伝記資料』第四四巻、六二〇頁。
(44) 『写真で見る 成瀬仁蔵 その生涯』（日本女子大学成瀬記念館編集・発刊、二〇一〇年）、一〇頁。
(45) 渋沢青淵記念財団竜門社編『渋沢栄一伝記資料』第四四巻、六三二頁。
(46) 「斯くして私自身が教育された」（『家庭週報』第六一一・六一二合併号、一九二一年五月三日）、前出、六三四頁。
(47) 渋沢栄一「悲喜交々の感　故校長墓碑の碑文を撰して」（『家庭週報』第六六一号、一九二二年四月二八日）、前出、六四九頁。
(48) 前出、六三二頁。
(49) 「賢哲は良き女性より出づ」（『家庭週報』第六五八号、一九二二年四月七日）、前出、六四七頁。
(50) 日本女子大学女子教育研究所編『今後の女子教育――成瀬仁蔵・女子大学論選集――』（日本女子大学、一九八四年）、六八頁。
(51) 渋沢青淵記念財団竜門社編『渋沢栄一伝記資料』第四四巻、六九七頁。
(52) 山内雄気「女子高等教育による新しい社会と家庭の実現 日本女子大学校に対する支持と尽力」（橘川武郎等編『渋沢栄一と人づくり』、有斐閣、二〇一三年）、二〇六頁を参照。
(53) 一九一〇年八月四日から一六日まで巡回した。
(54) 一九一一年五月一四日から二二日まで巡回した。
(55) 「創業当時の成瀬校長を憶ふ」に「女学館さへもむづかしいのに、どこからの助も無く、政治上の勢力も借らずにどうして成立してゆく事が出来るであろうかと殊に大事とりの私はさう思つて全然同情をよせる事は出来なかった」とあるように述べている（桜楓会編『成瀬先生伝』（一九二八年四月刊、渋沢青淵記念財団竜門社編『渋沢栄一伝記資料』第四四巻、渋沢栄一伝記資料刊行会、一九六二年）六二〇頁。
(56) 「女子教育の本領」、「青淵百話」、一三八頁。
(57) 「米国婦人」（『竜門雑誌』第四〇九号、一九二二年六月、『渋沢栄一伝記資料　別巻第七　談話（三）』、渋沢青淵記念財団竜門社、一九六九年）、四七四頁。

(58) 前出、四七四頁。
(59) その卒業式で、渋沢は「(前略)処で吾々の諸子に希望する処は賢明なる母親となり進んで人類の為に貢献する事の出来るやうな御婦人になって戴きたいと思ふのであります。又女子は必ずしも家庭のみの人ではない。(中略)蓋し私はそれが漸進的に行はるゝ事を希望するのであります」というふうに述べていた。(『竜門雑誌』第四二一号(一九二三年六月、六四頁)、『渋沢栄一伝記資料』第四四巻)、六五一頁。
(60) 「女子高等教育論」に「今日の社会に婦人教育が盛んであると謂っても、尚未だ充分其の効果を社会に認識せしむるには至らぬ。謂わば女子教育の過渡期である」という話がある(「青淵百話」、一三五頁)。
(61) 前出、四七四頁～四七五頁。
(62) 「女子教育の本領」、「青淵百話」、一三八頁を参照。
(63) 当時の様子に関して、渋沢は『家庭週報』(一九三〇年一月一日号)に「浜口首相の講演を聴いて」という文章を発表している。ここで、渋沢は首相に感謝の意を表しながら、この講演をきっかけとして、成瀬の女子教育思想に対する評価に変化が生じたことを述べている(「日本女子大学校に於ける浜口首相の講演を聴いて」、『家庭週報』第一〇一一号、一九三〇年一月、『渋沢栄一伝記資料別巻第八　談話(四)・余録』)、一九六頁。
(64) 日本女子大学編『写真が語る　日本女子大学の一〇〇年　そして21世紀をひらく』(日本女子大学、二〇〇四年)、五九頁。
(65) 前出、五八頁。
(66) 一九三二年四月九日附の東京朝日新聞は、渋沢敬三の談を「祖父が校長就任を承諾したのは事実ですが、何分九十一歳の高齢なので、校長と言っても、まあ名誉校長位の意味で、それも適当な後任者を得るまで、暫定的にお引受けしたのです」と載せている(小野健知『渋沢栄一と人倫思想』、大明堂、一九九七年、四二二頁)。
(67) 小野健知『渋沢栄一と人倫思想』、四二四頁。
(68) 前出、五八頁。
(69) 「子爵は明治廿九年から今日迄卌四五年間、この学校のために尽くされた其上、今回更に子爵を御煩はせする事は堪えられぬ處でありますが、子爵は快く御引受け下さった事はこの上もない感謝であります」(「渋沢・麻生両校長送迎会」、『家庭週報』第一〇八五号、一九三一年七月三日発行)。

第Ⅲ部　渋沢栄一と近代漢学

第七章　二松学舎と陽明学

町　泉寿郎

一　なぜ二松学舎と陽明学なのか

渋沢栄一の事績を浩瀚な『渋沢栄一伝記資料』（以下『伝記資料』）によって繙き、社会公共事業のうちの儒教関連の事業に着目する場合、『論語』と孔子に関係する諸事業が多い中で、やや異質に感じるのが、本章の主題とする二松学舎と陽明学のことである。道徳・宗教に関して、とりわけ仏教やキリスト教をはじめとする宗教に対する渋沢の関わり方は、特定の宗派や施設への支援も行っているが、責任主体となるような関わり方をすることは稀であった。そのような関わりをする場合は国家的な視野に立った公益性の高い施設か、郷里など地縁のある施設やかつて主従関係にあった徳川家所縁の寺社など、個人的に縁故のある施設への支援に限っていたようにみえる。

儒教の場合も、孔子祭典会・斯文会・関東大震災後の復興に尽くした湯島聖堂は徳川家所縁の施設という点で、増上寺・日光東照宮・上野寛永寺等と共通する性格を持つ。親類でもある尾高惇忠に受けたはずの水戸学[1]や、江戸で海保漁村の伝経廬に入って学んだ考証学については、渋沢に取り立てた言及や活動は見いだせないように見えるのに対して、陽明学については東敬治の陽明学会への支援や言及がみられる。陽明学を標榜する二松学舎に対して舎長となって行った支援も、実業教育・女子教育を除けば、一各種学校へのものとしては格別に手厚いものであった。

従来、『論語』をはじめとする儒教と渋沢について、また二松学舎の創設者三島中洲[2]と渋沢の交流については少なからぬ言及がある。しかしながら、二松学舎や陽明学会をはじめとする陽明学に対して、なぜ渋沢が支援したのか。またその支援された二松学舎や陽明学会とは、どのような性格をもつ組織であったのかについては、十分に解明されているとは言えない。

そこで本章は、渋沢が支援した二松学舎と陽明学を取り上げることによって、日本の近代化過程において儒教教学がもった問題点を具体化し、渋沢の儒教に関する考え方や社会公共事業への取り組みの特徴を明らかにすることを目的とする。

二　三島中洲・山田準と渋沢栄一

渋沢と三島が親交を深めるのは、渋沢が一九〇九年（大正八）、七〇歳を期に実業界の一線から身を引いて以降のことであることは疑いない。しかし両者が互いに相識ったのはそのずっと以前にさかのぼる。また、三島と渋沢の関係に比べてあまり目立たないが、三島の師にあたる儒者山田方谷の義孫で三島の学問的後継者といえる山田準[3]もまた、渋沢とはいくつかの接点があった。三島・山田準と渋沢の間には個人的にどのような接点があったのかをみておきたい。

（1）三島と渋沢のかかわり

①実業に関すること

・第八十六国立銀行（中国銀行の前身）の設立にあたり、三島が渋沢らから情報収集（一八七七～七九年）

三島は渋沢をはじめとする中央の官界・財界から情報を収集し、「銀行設立の中心的役割」を果たした。[4] この時点で渋沢にとって三島は、数ある銀行業務上の相談者の一人に過ぎないが、三島は経済人としての渋沢を十分に認識した。しかし銀行設立資金を調達するために売却した高梁藩所有の吉岡銅山の購入者は、渋沢と対立した三菱の岩崎弥太郎であったから、三島は三菱関係者から渋沢と第一国立銀行に関する悪評を耳にすることもあった。[5]

②就職斡旋に関すること

・米国私費留学から帰国した長男桂の就職先を三島が渋沢に依頼（一八九一年）

三島はしばしば二松学舎塾生や知友の就職口を渋沢に依頼していたようである。三島の長男桂[6]（一八六八～？）は側室赤木氏の所生である。旧主板倉勝静が禁固となり、養子に迎えた板倉勝弼のもとで高梁藩は再興された。三島がこれを見届けて致仕したので、一八七〇年（明治三）、桂は三歳で高梁藩士三島家を相続。桂は三島の膝下に育ち、三島の友人たち（山田方谷門の進鴻渓と備中興譲館の坂田警軒）に学び、東京大学古典講習科漢書課後期に入学したが直後に退学。七年間（一八八五～九一）に及ぶ米国での私費留学生活を送った。ミシガンで修学中には南方熊楠・松平康国・杉山令吉らと交流があり（南方熊楠『履歴書』）、ワシントン法律学校で法学士を取得して帰国した。三島は横浜正金銀行への就職を希望する桂の斡旋を渋沢に依頼し、すぐに常勤職が難しければ社員への英会話講師の口でもよいと頼み込んだが、奏功しなかった。

③詩文の関すること

・渋沢の初婚の妻千代（一八八二年七月一四日没）の墓碑文を三島が撰文

この時の墓碑文の依頼は、共通の友人であった玉乃世履（一八二五～八六）の仲介によるものであり、成稿までに三島が渋沢に対して行った綿密な聴取と墓碑文の出来栄えは、漢文作者としての三島の実力を渋沢に認識させるきっかけとなった。

・渋沢、前年秋の米欧視察を『欧米紀行』として刊行するにあたり、三島に漢文の序文の代筆を依頼（一九〇三年四月）

渋沢は紀行の序文に関して、六・七・一二日に三島を訪問して依頼や相談し、成稿した序文を一五・一六日に浄書している。[7] 三島が渋沢にとって心易い知人であったことが伺えるが、あくまで渋沢の三島に対する認識は文章家としての評価であったと思われる。

・渋沢、親戚であり初学の師であった尾高惇忠の碑文を三島に依頼（一九〇七年）

尾高惇忠は一九〇一年（明治三四）一月二日に七二歳で没しており、この撰文まで七年の時間を経過している。渋沢がありきたりの追従の文ならば不要だという姿勢をとったためである。[8] 三島の碑文は、惇忠没後七年を経過したが、追慕する人が絶えず、郷里の村社に頌徳碑を建てることになったと起筆し、渋沢の事業を助けた事績と人徳を叙述している。

・渋沢の古稀を祝い、三島、「題論語算盤図賀渋沢男古稀」を撰文（一九一〇年）

一九〇九年（明治四二）一月、東京瓦斯重役の福島甲子三が渋沢の古稀を祝って送った書画帖『介眉帖』の中に、画家小山正太郎が渋沢の信念である「経済道徳合一」を論語・算盤・朱鞘刀剣・シルクハットに託して描いた絵画があった。[9] 高等商業学校で渋沢が孔子に関する講演を行って経済道徳合一を主張したところ、これを聴いた三島が賛意を表した。更に渋沢邸で「論語算盤図」を見て感興を覚えた三島が年来の義利合一の考えを披歴した一文を渋沢に贈った。

・渋沢、三島に、牛島謹爾から送付された詩稿・文稿を託し批評を乞う（一九一二年一月）

牛島謹爾（一八六四～一九二六、別号別天）は久留米の豪農出身で、上京して二松学舎に学び、渡米してカリフォルニアで農場を開拓し馬鈴薯王と呼ばれた実業家である。一九〇九年（明治四二）の渋沢渡米時に交流があり、漢詩文に堪能な牛島から詩文稿を送付された渋沢は三島に批評を依頼した。三島はすぐに依頼に応じたらしく、以来、牛島は三島に厚礼を尽くし、一九一七年に刊行された『中洲文稿 第四集』の自序において三島は、牛島から同書の刊行費を援助されたことを謝している。

④幕末維新史に関して

渋沢が旧主徳川慶喜の復権を願って、その伝記編纂に使命感を持っていたことはよく知られている。当初編纂を依頼していた福地源一郎の病没後、渋沢はあらためて慶喜に直接その経験談を聞く昔夢会を組織し、一九〇七～一三年（明治四〇～大正二）に二六回の会合を実施した。「論語算盤図」で渋沢と意気投合した三島は、その昔夢会に一九〇九～一三年に計一一回出席して、[10]老中板倉勝静を補佐して幕政にも建言した山田方谷の側近として、自身の見聞をもとに発言している。昔夢会の編纂事業の中心は新進の日本史家たちであったが、京都でも情報収集活動をしていた佐幕藩の実務家としての三島の経験は、旧学者凋落の明治末期には貴重なものになりつつあった。[11]

（2）山田準と渋沢のかかわり

①渋沢の子息の教導

・渋沢の長男篤二を穂積陳重の家において一年余り教導（時期未詳[12]）

渋沢篤二（一八七二～一九三二）は渋沢の初婚の妻千代の子で、嗣孫敬三の父にあたる。父栄一から廃嫡された不肖の子として知られる。山田が篤二を教導したのは、山田が一八八八年（明治二一）に東大古典科を卒業して以降、一八九二年（明治二五）に篤二が熊本の第五高等中学校に進学する以前のことと思われる。

・渋沢の四男正雄、鹿児島の第七高等学校に入学、準これに漢文を講授（一九〇六～〇七年）

渋沢正雄（一八八八～一九四二）は、一九一一年（明治四四）に第一高等学校を経て、一九一五年（大正四）に東京帝大法科大学経済学科を卒業している（『人事興信録』一三版、一九四一）。しかし山田宛ての渋沢書簡[13]からは、第七高等学校に入学した正雄が、「不都合之行為」があったため退学になったことが知られ、第一高等学校以前に第七高等学校の学生であった時期に、山田と正雄が教授と学生の関係であったことがわかる。しかし渋沢の日記には、鹿児島高等学校校長以下の教官に書簡を認めた旨の記述があるだけで、山田準の名は記されていない。

②二松学舎と雑誌『陽明学』

一九一七年（大正六）以降、舎長に就任した渋沢は、二松学舎の運営組織である二松義会の会合で山田と顔を合わせるようになり、他方、渋沢が資金援助している東敬治の雑誌『陽明学』に、山田は毎号のように寄稿していることから、渋沢は山田の存在を認識するようになった。更に一九二四年に三島の三男復が早世したことから、二松学舎の教学の中核を担う人物として山田を招きたいと考えたのである。

（3）岡山人脈をめぐって

①阪谷朗廬・芳郎

渋沢と三島を結びつけている一つの背景に、備中を中心とした岡山人脈がある。一八六四年（元治元）に一橋家に仕官した渋沢が、翌年、歩兵取立御用のために備中井原に出張し、一橋領の郷校興譲館に学問を講じていた儒者阪谷朗廬（一八二二〜八一）に信望を得たことから、兵隊募集に成功した逸話はよく知られている（『雨夜譚』巻二）。阪谷朗廬は三島にとっても年来の親友と呼べる存在であり、その三島の撰文にかかる墓碑文は両者の気の置けない関係を反映して真率そのものの内容になっている。[14]その四男で大蔵官僚の芳郎（一八六三〜一九四一）は渋沢の女婿として知られるが、三島と芳郎も東京大学文学部（一八八四年政治学理財学科卒）において師弟関係にあったばかりでなく、二松学舎の維持存続や孔子祭典会などを通じてその交流は長く続いている。

②備中・備前の実業家たち

児島の塩業家野崎家は三島と長年の親交があり、武吉郎（一八四八〜一九二五）・定次郎（一八五四〜一九三三）兄弟の議員活動においても、三島は渋沢をはじめとする東京の人士を紹介するなどの協力を惜しまなかった。武吉郎と阪谷芳郎とは塩の専売制に関して意見交換している。

野崎氏の周辺にまで広げれば、野崎武吉郎の貸費生として日清貿易研究所に学んだ白岩竜平（一八七〇〜一九四二）は、日清汽船、湖南汽船等の日中航路の開拓者として知られ、渋沢との関係が深い。白岩の日中貿易の仕事の協力者であった田辺為三郎（一八六五〜一九三一、別号碧堂）も野崎武吉郎の側近というべき人物で、三島と縁戚でもあることから二松学舎に学び、後に二松義会の評議員を勤めた。副島種臣や国分青厓と親交をもった漢詩人としても著名で、二松学舎や大東文化学院で作詩を講じたこともある。

井原出身の実業家馬越恭平（一八四四～一九三三）も、三島と渋沢にとって古くからの友人である。士族授産のために政治や実業や教育に挺身した岡山藩士には、白岩龍平の岳父にあたる西毅一（一八四三～一九〇四）、中川横太郎（一八三六～一九〇三）と杉山岩三郎（一八四一～一九一三）の兄弟、岡本巍（一八五〇～一九二〇）、谷川達海（一八五二～一九二一）らがあり、晩年の山田方谷を迎えて閑谷学校の存続をはかるなど儒教的素養が高い人物たちである。杉山岩三郎は渋沢の日記に頻出する人物であり、西や岡本は三島との交流が深い。

高梁出身の実業家としては、古河財閥の中心的な存在であった井上公二（一八六四～一九二五）は、明治一〇年代の二松学舎の塾生であり、渋沢の日記にもその名が散見する人物である。

そのほか岡山出身の政治家で二松義会の顧問になっている人物としては、朝鮮で外交官として活躍した花房義質（一八四二～一九一七）、新聞記者出身で農相・文相などを務めた小松原英太郎（一八五二～一九一九）、犬養毅（一八五五～一九三二）らがあり、三島と渋沢の共通する知人として挙げられる。

③キリスト者たち

渋沢の交友関係にあるキリスト者の中にも少なからぬ岡山関係者がいる。留岡幸助（一八六四～一九三四）・石井十次（一八六五～一九一四）・山室軍平（一八七二～一九四〇）は、いずれもその社会福祉活動を通じて渋沢と交流があった。備中松山出身の留岡と山田方谷の隣家の娘で新島襄の教えを受けた福西志計子の強い結びつきはよく知られているが、方谷を敬愛する留岡は山田準とも交流があった。内務省の地方改良運動に関わった留岡は、山田準が親交のあった花田仲之助（一八六〇～一九四五、二松学舎出身、陸軍軍人）の東亜報徳会運動とも関わりをもち、二松学舎でも一九一二年（明治四五）に二宮尊徳について講演を行っている。

三　二松学舎と近代の漢学教育

（1）江戸後期の漢学教育がもたらしたもの

一八世紀後半から一九世紀後半にかけて、全国的に武士階級を対象とした公的な学校（いわゆる藩校）が建設されるようになり、朱子学による普通教育が形成された。ただし、諸藩の学問奨励策は豪農・豪商階級を巻き込む形で行われることも珍しくなかった。

三島は豪農層の出身である。幕末維新期の備中松山藩においては、三島の師山田方谷（藩領中井村の庄屋クラス）をはじめとして、川田甕江（玉島の廻船問屋）、林抑斎（玉島の庄屋）、進鴻渓（新見の庄屋）、鎌田玄渓（総社の医家）など、武士階級以外の豪農豪商クラスから登用された人材が藩政に重要な役割を果たした。彼らに共通するのは、学問的優秀性によってその経歴をスタートしていることである。

藩主板倉勝静の支持を得た方谷のもと藩政改革に取り組んだ備中松山藩では、上級武士（士）だけでなく、下級武士（卒）や農商階級をも巻き込んだ学問奨励が実行されており、組織としても全藩士子弟（家督相続に文武の鍛錬が義務付けられていた）が学ぶ藩校有終館の他に、藩卒子弟と町人等が学ぶ教諭所が藩校附属施設として設置され、それ以外に町人等や遊学者には藩儒らの家塾で学ぶ道も開かれていた。上級武士、下級武士、町人等を問わず、学術優等者には他郷遊学のための「修行扶持」と言われる給費制度が設けられており、学問成業のあかつきには農商階級から藩士への取立ても可能になっていた（『日本教育史資料』弐、六〇七〜六一六頁）。

藩校を核とした学問奨励策を布くことによって、武士階級の立て直しが志向されるとともに、それを補完するものとして農商層にも学問の道が開かれた。すると、次第に有能な農商層からの登用者たちに政治の実権が移る事態へと進んだのである。幕末の備中松山藩では、武士階級以外の農商層にも学問による立身出世の可能な環境が整いつつあったと言える。

漢学によって立身出世した典型と言える三島は、藩主と方谷から松山藩仕官を奨められた際に、藩主に対して「筮仕後遊学五年」「帰藩後有時出疆」「四十前除儒職外不任他官」「講経不必奉朱注」の四つの条件を提示した。(15)更に方谷宛の書簡では、自身の学問完成の邪魔になる条件であれば断固として仕官を固辞すること、こうした条件提示は藩主に対して失礼ではあるが一旦主従関係を結んだ上は身命を賭して服従することになるのだから、最初が肝腎だと述べている。(16)これは有利な雇用条件を引き出すための交渉以外の何物でもない。ここに、渋沢とも共通する、世禄を受けてきた武士階級出身者とは異質の、自立的な精神を見出すことができる。(17)三島にとっても渋沢にとっても、「武士」の身分は世の中をあるべき形に改変するために必要なライセンスに過ぎず、彼らにはそれを実力で獲得したことへの強い自負があった。

例えば渋沢は、日本史上、江戸時代が儒教の最も盛んになった時代であることを承認しつつも、林家の如き朱子学の学風によって農工商業者が学問・教育と疎遠になってしまったこと、農工商側が疎遠にしたのではなく政治家や学者の方から農工商業者を疎遠にしたことに対して、断固たる異論を唱えている。この問題に関しては、朱子学を批判した江戸中期の古学も、荻生徂徠が「道とは士大夫以上のものである、農工商の関係するものでない」と唱えた点で同様であったと述べている。「気質不変化」や「諸過ぎ」といった言葉に象徴される徂徠の「職分論」が幕藩体制下の固定的な身分秩序を肯定することに、厳しい批判を向けているのである（『伝記資料』二六、一七頁。一九〇八年四月二六日開催の孔子祭典会における講演）。

また、方谷・中洲師弟の例から見ても、御儒者（幕府や諸藩に仕えた儒者）という存在は、将軍・藩主・世子級の支配者層に直接意見を具申する機会を持つ存在であり、自分が教育を施した受業生の中から実務官僚たちが生まれる存在でもあり、家塾には豪農・豪商層が多数従学し民情にも通じている存在であり、幕藩体制下にあって藩の枠や身分の枠を越えた人的交流をもつ存在であった。他方、江戸で千葉周作や海保漁村に学んだ尾高長七郎（渋沢の師惇忠の弟）から伝聞する国事問題の決定的な影響のもとに、血洗村の豪農に生まれた渋沢が「青雲の志」を抱くようになった例が示すように、風雲急を告げる幕末にあって、中央政界の国事問題を地方の農村にまで伝える儒者や漢学書生がもつ意味は、存外、軽視できないものがあった。[18] これらは、幕藩封建制を支える体制教学という図式だけでは捉えきれない儒教の性格を物語っている。

（2）開設期の漢学塾二松学舎

三島は一八七七年（明治一〇）一〇月に「私立漢学設立願」を提出し、公立中学校が未整備な時期にあって、一八七二年（明治五）制定の学制の規程による「中学私塾[19]」として認可されて二松学舎を開設する。続く教育令（一八七九年）・改正教育令（一八八〇年）によって多くの私学・私塾とともに二松学舎も中学校としての認可を失い各種学校となるが、依然として公立中学校の未整備な状況が続き、一方で中学校教則大綱（一八八一年）によって中学校の修学内容が具体的に定められる中で、和漢文・英語・数学理科の学科を学習するための教育施設として、漢学塾・英学塾・算学塾がなお生徒を集めた。これらの塾に学んだ生徒たちは、複数の塾に併行して通学することによって中学校程度の学科を修得したのである。多様な塾が発達している大都市において、複数の塾に通学して必要な学芸を修得するという、江戸時代以来の学習様態を残しつつ、新しい教育課程・学習内容が法的に整備されつつある過渡期的状況がここによく表れている。

三島の二松学舎開設が、こうした状況をよくとらえた上でのものであったことは、開設当初に三島が草した「漢学大意[20]」からも読み取ることができる。冒頭の「漢学ノ目的タル、己ヲ修メ人ヲ治メ、一世有用ノ人物トナルニ在テ、記誦詞章ノ一儒生トナルニ在ラス」は、現在、二松学舎大学において「建学の精神」と呼んでいる「己ヲ修メ人ヲ治メ、一世有用ノ人物ヲ養成スル」の、初出形である。三島が読書の目的を「事功」に施すためと述べた「与進督学書」と照応する内容とも言える。続く第二段・第三段・第四段・第五段の内容は、修学内容を伝統的な経・史・子・集に分けて解説した内容であるが、分量から言えば第四段・第五段の作文・作詩に関する内容は多くを占めていて、この部分が修学の中心であることを思わせる。「漢学ノ目的」が「一世有用ノ人物トナル」ことにあり、洋学が諸分野において漢学より優れている以上、洋書の兼学は必須であり、そのためには漢学の課を簡易にしておいたと述べる第六段は、生徒たちが英学・算学・法学などを兼修する状況を積極的に肯定するものであり、開塾時点の三島にとって漢学が洋学と対立するものでなかったことを示している[21]。

三島には『史記』『唐宋八家文』『文章軌範』『日本外史』『日本政記』等に関する「段解」と名付けた著作があり、日常の講義でも大段落・小段落など段落ごとの趣旨と文章の構成を分析的に解説したといわれている[22]。三島の教育目的が、漢文の講読や作詩文という「読み書き」を通して、論理性や分析力を身に着けさせようとする極めて実用本位のものであったことがうかがえる。

（3）明治後半における二松学舎存続の努力

漢学塾が未発達な中等教育を補完するものであった以上、一八八六年（明治一九）をひとつの画期とする近代的学校制度の整備と共に、二松学舎の入学者が激減したのは当然のことであった（『二松学舎大学九十年史』）。しかし一方で、一八八〇年代には小学校・中学校の学科・教科の刷新が進み、国語と並んで漢文の教科が形成され、新しい教育制度の中に漢文が位置づけられていく。

元田永孚が主導した一八七九年（明治一二）の「教学聖旨」、一八八二年（明治一五）の『幼学綱要』等の徳育重視の風潮のなかで、一八八〇年（明治一三）の改正教育令を受けて一八八一年（明治一四）から小学校・中学校の筆頭学科として「修身」が置かれた。一八八六年（明治一九）からは中学校の学科としてそれまでの「和漢文」から「国語及漢文」が創始される。一八九九年の中学校令改正によって、「漢文」は「国語及漢文」の併記から「国語」の中へ包含されることになり、[23]小学校の「読書」「習字」が「国語」に改められて、初等・中等の一貫した「国語」の教科教育が出来上がるのは一九〇〇年（明治三三）のことである。この間、一八九〇年（明治二三）に「教育勅語」が発布され、国民道徳の基礎に儒教倫理が据えられる。後述するように、三島はこの時期を境にして、陽明学を積極的に唱道するようになった。井上毅が一八九四年（明治二七）の「漢文意見」[24]で「漢字は国語の材料として」「儒教は道徳の教材として」必要であると述べたように、「漢文」は国語教育における「国主漢従」の主客の分を守りつつ、他方、「修身」を補完する教科としての位置を獲得していくのである。

更に、日本の大陸侵出が日清戦争という形で現実のものとなる中、那珂通世（第一高等中学校教授）の発議により、[25]一八九四〜九五年（明治二七〜二八）にかけて、中学校の学科のうち本邦歴史と外国歴史が本邦史・東洋史・西洋史に改められた。東洋史がカバーする範囲は、広く朝鮮半島・インドを含む東洋諸地域に及び、日本との影響関係や各種民族の盛衰等を包摂するものとされ、従来の古典中国の伝統的学術を対象とした漢学とは異なる新たな東洋学が興隆するのである。

この時期の三島周辺に目を転ずれば、一八九四年（明治二七）に三島は個人資産を桂・広・復の三子に分与したが、それが却って仇となって長男桂が財産を蕩尽し、一時は三島の本邸まで抵当に入った。[26]各種学校となった二松学舎の経営状態は漸次厳しく、二〇世紀に入る頃から文部省検定試験受験者のための課程を開設したり、[27]夏期講座（一九〇一年〜）・冬期講座（一九〇六年〜）・公開講座（一九〇六年〜）を開催したりして現職教諭等の新たな需要を開拓するとともに、他方では有力門人を中心に二松義会という運営組織を作ってその存続に努めた。一八九六年（明治二九）以降の三島は川田甕江の後任として拝した東宮侍講の職務のために他出がちで、学舎の教学も細田謙蔵（一八五八〜一九四五）をはじめとする高弟たちが分担するようになっていた。

細田を中心に一九〇三年（明治三六）に設立し、一九〇九年（明治四二）に財団法人化した二松義会がその設立目的として掲げている「東洋固有の道徳文学の維持拡張」は、二松学舎大学において「建学の精神」と呼んでいるもう一つの条文「東洋固有の道徳による人格の陶冶」の初出形である。国語への包含によって漢文の地位が低下するなか、学舎存続のために、東洋学興隆の時世に広く訴えかけようとしたことがうかがえる。

（4）戊申詔書と経済道徳合一

細田や速水柳平らの努力にも拘らず、基金は思うように集まらず、彼らは有力者に働きかけて醵金を図ろうとした。その際に阪谷芳郎の他人に出資を募るには先ず自ら出資せざるべからずとの意見に従い、一九一〇年（明治四三）一月、三島とその三男復は所有する学舎敷地を財団法人二松義会に譲渡した。同五月には、土方久元、股野琢、細川潤次郎、馬越恭平、阪谷芳郎、牧野伸顕、小松原英太郎、福島安正、山県伊三郎、三島とともに渋沢が義会の顧問となった[28]。これが渋沢が三島との個人的な関係を越えて、二松学舎との関係をもった最初である。続いて小松原文相（第二次桂内閣時、在任は一九〇八年七月一四日〜一九一一年八月三〇日）は一九一一年（明治四四）一月に実業家を華族会館に招いて義捐金の醵出を依頼し[29]、三月には財団法人二松義会の活動を伝え聞いた東宮から三〇〇円が下賜され、同月末に二松学舎では拝戴式が挙行された。

顧問中、股野・細川は三島の旧知の学者、阪谷・牧野は東京大学時代の元学生、福島・山県は二松学舎の元生徒である。これらに比して、小松原は岡山出身の同郷人とは言え、従来、三島との関係は特に知られない。したがって、小松原による醵金の働きかけは彼の私的な活動ではなく、政府の方針として漢学振興に協力した可能性が高い。

時の第二次桂太郎内閣は、一九〇八年（明治四一）一〇月一四日に戊申詔書を公布し、次いで地方改良運動を推進し、日露戦後の疲弊した地方財政の立て直しをはかるとともに、「自由競争に伴ふ流弊を抑制[30]」するために、「教育勅語」の趣旨を徹底するべく国民道徳の涵養に努めたことが知られているからである。財団法人二松義会が小松原らの関与によって漸く始動するこの一九一〇～一一年（明治四三～四四）の時期は、大逆事件や南北朝正閏問題といった天皇制イデオロギー強化のための言論封殺の時期ともほぼ重なりあうのである。

阪谷は拝戴式の式辞において、東宮下賜の意図を忖度し、徳育の基礎は教育勅語にあること、日本国民が他国に勝る三特長として節義・愛国心・醇樸をあげそれが動揺しつつあること、二松学舎が国民道徳の恢復に奮励する責任があることを説いていて、まさに政府の方針を代弁していることが分かる[31]。

一方、渋沢もまたこの時期、転機を迎えていた。日糖疑獄事件も誘因となって、一九〇九年（明治四二）六月、古稀を機に実業の一線から退いた渋沢は、同年二月に龍門社の社則を変更して、「青淵先生ノ常ニ唱道セラル、主義ニ基ツキ、商工業者ノ智徳ヲ進メ人格ヲ高尚ニスルヲ以テ目的」とした[32]。「青淵先生ノ常ニ唱道セラル、主義」とは、言うまでもなく道徳経済合一主義を指しているが、これが戊申詔書が国民に求めている二途、すなわち経済発展と道徳涵養、とよく照応する考えであったことは見逃せない[33]。加えて、三島もまた一八八六年（明治一九）に発表した「義利合一論」が、詔書の趣旨と合致する考えであることが念頭をよぎったに違いない。それまでは交差することのなかった、三島と渋沢が各々抱いていた考えが、戊申詔書が契合点となってこの時に交差したということができるだろう。

（5）専門学校設立への道のり

一九一五年（大正四）、転倒負傷して侍講職を辞し御用掛・宮中顧問官となった八五歳の三島に対して、大正天皇は約二〇年に及んだ侍講勤続に対するねぎらいをこめて二松学舎維持費として一万円を下賜した。三島は校庭に「忠孝」の篆額を掲げた「賜金紀恩碑」を建立した。しかし一九一六年（大正五）一二月には再び資金難に陥り、募金に難渋した入江為守会長が辞任したため、その後任に渋沢が擬せられた。渋沢は三島との個人的な関係に過ぎないことを主張して固辞したが、一九一七年（大正六）三月、三島から懇請されて終に承諾した。同七月五日、三島は渋沢に不自由な手で長文の手紙三通を認め、理事三名（細田謙蔵・池田四郎次郎・尾崎嘉太郎）の人柄と二松義会の発端、二松学舎の由来と長男桂の放蕩を含めた個人資産の現況、懸案になっている学舎改築に関する私案と評議員・講師・幹事中の主要人物を書き送り、渋沢に二松学舎の経営一切を託した[34]。一九一八年（大正七）の理事改選によって細田・尾崎両理事が落選し、新たに尾立維孝[35]・佐倉孫三が選任され、渋沢は会長理事に再任された。一九一九年（大正八）、五月一二日に三島が数え年九〇歳で亡くなると、財団法人二松義会は財団法人二松学舎に改称され、渋沢の指揮下に尾立らが実務に当たる体制が作られた。

三島没後の二松学舎は、いくつもの問題を抱えていた。一つは三島家の資産をめぐる問題である。桂の散財は止まず、先に復が二松義会に寄贈し舎長・学長として寄寓している土地を抵当に借金し、復が住居を失う事態に瀕したため、財団法人二松学舎は借金償却と住居建築の後始末をせねばならなかった。こうしたことから、桂だけでなく、復もその学識や人間性はともかくとして、学校組織の運営責任者としての信望を失っていくのである。そして関東大震災の翌一九二四年（大正一三）、復が四七歳で粟粒結核のために跡継ぎのないまま急逝すると、桂はまたもや未亡人に対してその財産の譲渡を強要し、財団法人側との摩擦を生じた[36]。

学舎の外に視線を移せば、第一次世界大戦中の社会主義革命はわが大日本帝国でも衝撃をもって受け止められ、戦後、国民道徳涵養が課題となるなか、漢学振興が大きな運動となっていった。一九二一～二三年（大正一〇～一二）の帝国議会衆議院で審議可決された「漢学振興ニ関スル建議案」によれば、数年前から貴衆両院議員・実業家をはじめ東西の私学まで網羅した大東文化協会（任意団体）という団体ができていることから、衆議院議員木下成太郎らはこれに予算を割いて漢学振興策を実行するよう求めた。木下は東西私学のなかに三島塾（すなわち二松学舎）、斯文会、藤沢塾、東洋文化学会、漢学院の名を挙げていて、従来からの漢学塾などの組織を糾合し運動組織が一本化していることを強調してみせた（必ずしも実態はそうではなかった）。漢学振興を目的とする組織の予算化が実現すると、早速、一九二三年（大正一二）九月に運営団体として財団法人大東文化協会が設置され、翌一九二四年（大正一三）一月に教育機関として大東文化学院が設立された。その学則の第一条は「本邦固有ノ皇道及国体ニ醇化セル儒教ヲ主旨トシテ東洋文化ニ関スル教育ヲ施ス」ことを目的に掲げている。予算委員会での審議内容から、文部省がこの予算化の目的を「古典保存」のために古典研究者を養成することに設定していたことがわかる。[37]

三島復没後も依然として二松学舎内部の危機的状況は続いていたが、[38]渋沢の指導力のもとで、尾立が実務を取り仕切り、山田準が教学の核となることによって、二松学舎は新しい段階に進んだ。大東文化学院が漢学と皇学の古典研究者の養成を目的とする学校として創設されたのに対して、二松学舎は国語漢文の中等教員の養成を目的とする専門学校として歩み出すのであり、同じく高等教育機関であっても目的には明確な相違があった。二松学舎専門学校の設立趣意書には次のように記されている。

近年一般の人心物質に偏重し階級闘争を是認する等悪化の兆候著しく、殊に青年子弟は国体の尊厳を弁へず忠孝仁義の大道を陋視し軽佻詭激の風漸く瀰漫せんとするに至る。本舎は茲に従来の目的を弘布且つ徹底せしむるには、専門学校を設置し国語科を併置して国体及国民道徳の真義を研修体得せしめ、国語漢文に通ずる多数の堅実なる中等教員を養成して、之を各地の中等教育に従事せしめ、以て人心の匡救正道の宣揚を勉めんとするものなり。[39]

二松学舎専門学校の理念には、前記「漢文振興」の時代を反映して、国家主義的な主張がこれまでより明確に打ち出されているが、少数の選良や特殊な専門家の養成ではなく、全国各地の中学校の教育現場で教育に従事する中等教員を養成することを通して、社会の中間層を充実拡張することを目的とした教育機関であった。その点において二松学舎専門学校は渋沢の理念によく適った教育機関であったといえる。

四　陽明学に関する三島中洲の言説

（1）三島中洲の学問的変遷

三島は「余の学歴[40]」において、自身の学問的変遷を三期に分けて、第一期・備中松山の山田方谷の家塾牛麓舎での修学内容は朱子学であり、方谷が講義時に陽明学や仏説に及ぶことはなかったと述べる。方谷は陽明学の学習を希望する者がある場合に随時『古本大学』等を講じた。次に第二期・津藩や昌平坂学問所の遊学時の修学内容は朱子学を絶対視せず古学や清朝考証学も取り入れた折衷学となったと述べる。三島は備中松山藩仕官時に提示した「講経不必奉朱注」の条件の通り、藩校の教授（学頭）となった当初は考証学を講じたいと考えたが、方谷から「道学なるかな、道学なるかな（やはり朱子学・陽明学のような道学でなければいけない）」との反対を受け、藩校での講義には朱子学を採用した。三島自身の学問としては折衷学であるが、藩校教育には朱子学を用いたというのである。その後、三島の職掌が拡大し、財政や外交など「俗務に就て方谷先生に質問し、又指導を受け、先生の実地運用の妙の陽明学に本づくことを悟」ったと語っている。その後、第三期・二松学舎を開いてからは、「書生に教授するにあたって再び道学に復し、陽明学を主張し、傍ら訓詁を折衷した」と語っている。教育のために道学に復帰し、特に陽明学を主張し、字義の解釈には訓詁学の知識も併用したというのである。つまり、三島の学問には変遷があり、かつそのどの時期を通しても、単純に陽明学と言い切れるものではないことがわかる。

(2) 三島中洲の山田方谷観

それでは、三島からみて方谷の学問と実践とはどのようなものであったのだろうか。三島は方谷の実践が陽明学に基づくと洞察している一方で、「方谷山田先生墓碣銘」(一八七九年成)[41]の中で「独有献策対問国字稿、積将等身、秘不示人」とも記していることから、その政治向きの献策内容については近親者も知らなかったと察せられる。後年、山田準が『方谷先生年譜』(一九〇五年)を刊行した際に三島は序文を寄せて、雲の間をおよぐ龍の頭尾や爪牙が一瞬見え隠れするようなもので、方谷先生の全容は測り知れないとも記している[42]。山田準宛の書簡では、「是ニテ御一生之始末略相分」かるようになったと年譜の出来栄えを称賛し、特に文久年間に方谷が本来の開国論から一転して攘夷論を主張するようになったことを挙げて、年譜によって方谷の一生を通覧して初めて真意が了解できたように思うと述べている[43]。更に晩年に刊行した『論学三百絶』(一九一四年)では方谷のことを、その大才を藩政改革のような小さな事柄にしか使えなかったのは惜しいことで、君子の徳を備えただけでなく英傑の才を兼ね備えていたと詠じている[44]。方谷の考え方や行動は、長年近侍した三島にして、なお容易に測り知れない振幅を持つものであったのだ。

方谷の教育について言えば、一八七二年(明治五)以降、晩年の方谷は岡山藩士らに懇請されて閑谷学校再興に協力して出講するようになり、従来の姿勢とは変わって積極的に陽明学を唱道しはじめた。その学業方針は「経業は王学の大旨を篤と講究の上、朱学の取捨有之度事に御座候。道学の大本は如此[45]」と陽明学を主とした道学から説き起こし、清朝の儒者による訓詁考証を参照し、史学は和漢洋を順序を立てて歴代制度と地理・歴史を考究し、「漢文は尤も力を用べき事」と締めくくっている。経史集の順に説いている点で、前述した三島の「漢学大意」の原型であることが明らかであるが、「王学」を主とすることを明言している点に特色がある。

方谷の閑谷出講と同年の一八七二年（明治五）、三島は明治政府から徴命を受け、九月に上京して司法省に出仕した。そのため、方谷晩年の思想を三島が親しく聞く機会がなかったのは事実である。晩年の方谷の陽明学は太虚説や理気論において急速に深化したとも言われる。しかし「漢学大意」と方谷の閑谷での学業方針との類似からみて、三島が方谷晩年の陽明学傾斜を全く知らなかったとは考えにくい。ただ、その詳細な内容については、山田準の助力のもとで進めた方谷の年譜や遺稿の整理を通して、あるいは数多くの方谷の講義筆記をのこした岡本巍との論争[46]等を通して、再認識していったという面はあったに違いない。

（3）修養論と陽明学

漢学塾二松学舎で陽明学が説かれる機会がかなり限られていたことは、初期の塾生たちの回想からもうかがえる。またカリキュラムを見ても、王陽明『伝習録』は殆ど進級者がいなかったとみられる最上級の課程に組み入れられていることから、生徒の多くが三島から陽明学の講義を受けたとは考えられない。但し、三島の『大学』講義が、方谷ゆずりの王陽明『古本大学』であったか、少なくとも朱熹『大学章句』をベースに『古本大学』の解釈を参照するものであった可能性は高く、その意味で二松学舎の漢学教育に陽明学の要素が絶無だったとは言い切れない。いずれにせよ、陽明学者である山田方谷の門人三島中洲が開いた二松学舎では陽明学に基づく教育が行われていた、といった単純化した表現をすることは難しい。

その三島が、一八九〇年五月一九日に斯文学会で「陽明四句訣略解」という講演を行っていることは、彼が陽明学を提唱した数少ない機会として注目に値する。言うまでもなく四句訣とは、陽明の学説を要約した「無善無悪是心之体　有善有悪是意之動　知善知悪是良知　為善為悪是格物[47]」という四句のことである。三島は講演の冒頭で次のように述べている。

近来西洋諸種の学問渡来し、少年諸生多端の秋と謂ふ可し。去りながら、上王公より下匹夫に至るまで、道徳は一日も忘る可からず。然るに之を四書六経に求むれば、多数の年月を費し、一時諸種の学問を停止するに非ざれば能はず。因て愚考には、陽明の学を修むるが第一道徳に入るの簡易方と存ず。其説は伝習録の三冊に詳かなれども其中に於て四句の訣が最も簡易にて、此の四句を日夜服膺実行すれば、直ちに聖人の域に至る可し。（傍線筆者）

この陽明学を道徳涵養のための簡易な方法であるという表現が、前掲「漢学大意」の「漢学ノ課ヲ簡易」にするの延長線上にあることはもはや明らかであろう。それは他方から言えば、一八七二年（明治五）の方谷の閑谷学校での学業方針や、一八七九年（明治一二）の三島の「漢学大意」では重視されていた作文・作詩が、一八九〇年（明治二三）には「漢学」の中から脱落し、漢学教育の目的が道徳涵養に限定されてきていることを示してもいる。

（4）理気論と「義利合一」

井上哲次郎（一八五六〜一九四四）は、渋沢の社会事業や儒教思想を追懐するなかで三島に言及し、本来、儒教の正系は理想主義であったが、傍系に功利主義を唱えるものがあり、日本では荻生徂徠・太宰春台が出ている。明治期に三島が唱えた「義利合一論」は、必ずしも功利主義ではないが理想主義でもないと評し、三島と渋沢の関係についてはどちらかがどちらかの影響を受けたのではなく、互いに意見の一致を喜び合ったと説明している。[48]

その「義利合一論」[49]とは、三島が一八八六年（明治一九）一〇月一〇日に東京学士会院で行った講演であり、次の言葉から始まっている。

支那趙宋ノ世、義理ノ説、盛ンニ行レテヨリ、利害ヲトクコトヲ屑トセス、是ヨリ義理ト、利害ト、判然相分レ、漢学者ハ義理ノミ主張シ、利害得失ニハ、関係セサル者ノ如ク、世人ニ見做サレタリ。然ルニ、古聖賢ノ言ニ徴スレハ、義理利害、相須テ離レス、故ニ義利合一論ヲ講シ、此冤罪ヲ雪カントス。

宋学以来、義理の説が盛行して義と利が峻別されるようになった。義と利が本来の儒教では不離の関係にあることを明らかにして、利が被った冤罪をすすぐというのである。議論は四部からなり、第一段落は理気論、第二段落は義と利の先後、第三段落は義と利の軽重、第四段落は宋学批判となっている。

第一段落「理気論[50]」に関しては、三島は朱熹ら宋儒の「理気二元論」を誤りであるとして斥け、根源には「一元気」すなわち「大極」があるのみであるとする。古典の所説も同様であり、王陽明の所説「理者気中之条理」「理気合一」は正しいとする。三島は陽明学だけに依拠するのではなく、先秦・漢代の古典の思想との折衷を試みていると言える。

三島は「人間ノ義利ハ、即チ天上ノ理気ナリ」と言い、利とは「生を欲し利を好む自愛心」であって人間の根源的な志向であり、否定すべきものではなく、むしろ「自愛心を人に推及し利欲を公共にすれば」、自然界において気から「元亨利貞」が生ずる如く、人間界においては利から仁義が生ずることになると説く。そして義と利の関係を説明した古典として『易経』を挙げ、文言伝の「利者義之和也」を引いて、「利ハ義ノ結果」であり、「利ヲ得サルノ義ハ真義ニ非ス、又義ニ由ラサルノ利ハ真利ニ非」ずとする。また『詩経』周南 樛木、『書経』洪範 蔡沈伝、『大学』、『中庸』、『論語』、『荀子』、『韓非子』、『孟子』からの引用を重ねて、「義者利之道表（しるし）、利者義之帰宿」と言い、義は利の目標ではなく指標であり、義を指標として利を求めるのであると説いている。

第二段落では義と利の順序を論じて、「利ヲ先ニシ義ヲ後ニセサル可ラス」、「利ノ為メノ義ニテ、義ノ為ノ利ニ非ス」と言い、利が先であり義は後であると明言する。これは宋儒の「理気二元論」を否定し、気の一元論（先ず気があってそこに理が生ずる）を唱える三島にとって当然の帰結であり、自愛心などの利欲がまずあって、次に「義に由って利を求める」という論理で義が問題になるのである。

第三段落では、義と利の軽重を論じて、基本的には「利ノ為メノ義」であるが、人を教え導き世を治めるには「義ヲ重シ利ヲ軽ンセサル可ラス」とする。しかし現実社会では、軍事行動に謀略を用いる如く、「小義ヲ屈シ大利ヲ伸ヘサル可」からざる場合もあるとする。

第四段落では、後世もっぱら朱熹の注によって経書を読み「義理ヲ主張シ利害ノ説ヲ卑シ」むようになったこと、さらにこうした義を重んじ利を軽んずる考えが行動にまで影響して無謀な施政を唱えた学者が出たことを、宋末や幕末を例に挙げて問題視している。「義理ト時勢ト相参シテ真義理出ツ」（清・趙翼の言）を卓見と評する。

以上のように、三島の「義利合一論」は、気一元の存在論から出発して、第三・第四段落に至って次第に現実の行動に話が及んでいる。三島にとって「気の条理」とは儒教解釈上の理論にとどまらず、現実社会の理解や行為に直結する実践であった。そしていわばこの「知行合一」は、三島が方谷の行動から学んだものでもあった。前述した文久年間における方谷の開国論から攘夷論への転換について、三島は「条理」という言葉を用いて、次のように解釈している。

維新前三十年来開鎖の両議論海内上下凝結し一戦争を用ゐざれば解決せざる時勢とはなれり。先生之を達観し其戦争を内に用ゐ兄弟相争ふよりは外に用ゐ攘夷すべしと着眼し、且攘夷は朝廷の思食にて、幕府奉勅しながら井伊大老違勅して外国と約を結ひ大敗したる跡へ出たる板倉公にて、朝廷より重ね重ね勅命もあり、井伊の政に反し攘夷を貫くが此時の条理なり。故に内戦にても外戦にても、戦後の禍害は覚悟しての事なり。（中略）先生の攘夷は右の条理より主張されたるものにて、世の頑固攘夷とは大に異り、其証拠には慶応元年、朝廷より開国勅許ありたるときには前論と打変り隣国を属国として世界中と大交易を成すの献策あり。[51]

刻々と変化するその時点での政治社会状況の「条理」を読み取ってどう行動すべきかを判断することが大切であり、あらかじめ正しい理があるわけではないのである。方谷が攘夷か内戦かいずれにせよ戦禍を覚悟するのは、そうしなければ国論の分裂が解消できず、外国の侵略を防ぎきれず、より大きな災禍にみまわれると判断するからである。これは、政治的判断の過誤によって一番被害を蒙るのは一般庶民である、という視点から発せられた言葉であると思う。

五　東敬治の陽明学会

東敬治（一八六〇～一九三五）[52]は幕末から明治期の陽明学者として著名な東沢瀉（一八三二～九一）の嗣子であり、民間にあって王学会・陽明学会を主宰して明治から大正期に陽明学の唱導に足跡を残した人物である。

一九〇三年九月に始まった王学会は、幕末陽明学の二世や門人である中尾捨吉・春日仲淵・宮内黙蔵・東敬治の首唱にかかり、間もなく高瀬武次郎・三島復・那智佐典・山田準ら帝大系を含む若手が参加するようになり、三島や土屋鳳洲らは顧問格としてこれを支えた。一九〇六年三月からは機関誌『王学雑誌』を月刊し、さらに一九〇八年からは陽明学会と改称して、大阪洗心洞学会と東西合同するなどして全国規模の運動を展開するために組織強化をはかり、同一一月から新たに『陽明学』を発刊（一一月二三日発行）。渋沢と東の関わりは、陽明学会の強化のために、一九〇八年四・五月に湯島麟祥院で有力者を招待した会合を催した際、請われて渋沢が出席したことに始まる[53]。

よく知られているように、二〇世紀初頭の日本の陽明学をめぐる言説は、東西で大きく傾向を異にしていた[54]。大阪陽明学会の『陽明』では一九一〇年七月の創刊当初から、石崎東国が社会主義的な論説を発表し、その「中江兆民伝」で幸徳秋水・奥宮健之[55]に言及したところ（一九一〇年一〇月）、井上哲次郎がすぐに反応して「破壊思想と陽明学」を発表してこれを危険視したほどであった。大阪の『陽明』（一九一九年以降『陽明主義』）には石崎や池田久米郎らの社会主義的な論説と、全く相反する高瀬武次郎らの論説が同居していた。東や高瀬は日本を危険思想から守る「防共の砦」と考えて陽明学を唱道するのだが、これを正面から批判する者が同じく陽明学を標榜し、それらが往々に同一紙面に併存していたのである。

渋沢はこうした陽明学をめぐる相反する状況を十分認識していたはずである。渋沢が陽明学会に関してどのような発言をしているか、ここで確認しておこう。陽明学会における講演内容から渋沢の関心の持ち方を探れば、一九一〇年（明治四三）一一月の講演「仁義道徳と事業功名」[56]での所説は、昔の師弟関係が可能にした人格的修養が今日では困難になっていること、陽明学が事業を為しつつ道徳を修めるものであること（知行合一）、学者と商工業者の間に宋学者が築いた墻壁を取り除ける必要があること（義利合一）といった内容である。「経済と道徳の合一」という信条が、渋沢を朱子学よりも更に実行性・実践性の高い陽明学に向かわせていると言える。

その後の第一次世界大戦中の物価高騰は陽明学会を経営難に追い込んだが、渋沢は東になお雑誌の刊行継続を言明している。一九二一年からは陽明学会への支援を更に手厚くし、新たに賛助会を設立して、三月には自邸で春季大会を開催している。その日、渋沢は中国人から贈られた『陽明先生全書』の会読を提案し、一九二二年五月から毎月第二・第四土曜に日本橋兜町の渋沢事務所を会場として「陽明全書講読会」を開催した。東はこれに応えて、王陽明の年譜を講読することを通して陽明学の生きた姿を提示しようとした。

春季大会席上の渋沢の挨拶は、基本路線は従来と変わらぬものの、腰を据えて地味な講読をすることの意義に言及している点、晩年の渋沢の活動を考える上で興味深い。例えば次のような言葉が拾える。「斯る古風な事柄は社会一般に兎角喜で受けて呉れぬもの」であるから、「諸君の丹精の割には発展せぬ嫌」がある。また「斯様なる地味な学説は、決して目下欧米より伝来する突飛なる新説のやうに、青年客気の人々が珍重することではないのは時勢の然らしむる処でございますから、一般の流行は望みませぬけれども、併し左様な新奇の説のみに依って、斯る真摯質実なる学説が段々世の中を引退くやうになることは、吾々が大に注意して其輓回に努めなければならぬ。[57]」「欧米より伝来する突飛なる新説」にはまちがいなく社会主義思想も含まれているはずであり、世間一般が「新説」に流れがちであること、「地味な学説」が発展せぬこともまたやむを得ないとしたうえで、渋沢自身は「新説」に就くことはなく「地味な学説」を擁護するというのである。渋沢自身は陽明学を支持するが、これが今の時世に流行するとは彼自身も考えておらず、したがって、陽明学によって国民道徳運動を展開するといった立ち位置からは遠かったように見える。

六　三島と渋沢の共鳴のかたち

上述したとおり、三島と渋沢の関係を振り返ってみると、阪谷父子や備前備中の実業家たちが共通の知友であったことは無視できないが、渋沢にとって三島は当初あくまで漢詩漢文の代作や添削を頼める気の置けない漢学者に過ぎなかった。

他方、幕末期における武士階級以外からの政治参加という点において、共に豪農出身の三島と渋沢は共通点があり、能力本位で階級秩序が一定程度変更しえた経験から、階級擁護や階級固定に作用した儒教（朱子学や徂徠学）に異論を唱えた点でも共通性があったと思われる。

明治期の漢学教育は、前期における書記言語獲得のための読書・作文から、後期の道徳教材への傾斜へと変貌する。実業界を退いた渋沢の活動が社会事業にシフトし、三島と「義利合一」「論語と算盤」で共鳴しあう時期は、経済発展と道徳涵養を国民に求めた「戊申詔書」発布後にあたっており、両者の共鳴は単に個人的なレベルでとらえられるべきではない。

三島没後、二松学舎は渋沢の指揮の下で国漢中等教員養成を目的とした専門学校となるが、中間層を充実拡張することを目標に掲げた点において、渋沢の理念が生きていたと言える。

三島の思想は、単純に陽明学と呼べるものではなく、理論的には陽明学の気の一元論と先秦漢代の古典との折衷であったと見られる。ただし明治後半以降には、漢学教育の道徳傾斜に配慮して、徳育のための簡易方として陽明学を唱道する面もあった。三島と渋沢の陽明学をめぐる考え方では、反朱子学という面で、またその現実性・簡易性・実行性を尊重するという点で共通点があったと言える。

渋沢の陽明学会への支援は、「地味な学説」を擁護するために小規模な講読会を定期開催する等の比較的地味な活動であり、国家的な国民道徳運動に積極的にコミットするような活動ではなく、こうした点にも渋沢の儒教支援活動に一定の節度があったことがうかがえる。

註

（1）　尾高惇忠（一八三〇～一九〇一、別号藍香）は富岡製糸場長として知られ、『蚕桑長策』『藍作指要』『治水新策』などの実学的著作もあるが、その儒教等の学問思想に関してはいまだ十分な蓄積があるとは言えない。荻野勝正らの先行文献によれば、水戸学や陽明学の実践的思想の影響をうけたようである。

（2）三島中洲は、名は毅（つよし）、江戸期における通称は広次郎のち貞一郎、字は遠叔、別号は桐南・中洲等。天保元年一二月九日（一八三一年一月二二日）、備中窪屋郡中島村庄屋三島正昱の二男として出生。母方の祖父小野光右衛門は麻田剛立門の谷東平や渋川景佑門の山本時憲に学んだ天文暦算家。祖父・父がかつて同門に学んだ縁で、初め松山藩儒山田方谷に入門。更に津藩儒斎藤拙堂や昌平黌の佐藤一斎・安積艮斎らに学び、二七歳で松山藩に仕官。幕末維新期においては、同じく方谷門下の川田甕江が主に江戸藩邸にあって活動したのに対し、中洲は国許にあって方谷と共に藩主板倉勝静を補佐し、藩校教授や勘定方や隣藩との外交などにあたった。鳥羽伏見敗戦後、岡山藩兵による鎮撫使を家老とともに迎え、松山城下の無血開城を成功させた。維新後は旧友玉乃世履・鶴田皓等の推薦により、司法省七等出仕。新治裁判所・東京裁判所・大審院などの判事を歴任したが、大審院判事廃官により、自宅に漢学塾二松学舎を開設。明治一〇年代には司法省法学校・陸軍士官学校・東京大学古典講習科等への進学者を輩出した。また東京大学教授・帝国大学講師となり漢文を講授した。大審院検事となりボアソナードの民法典の草案修正にも従事している。川田甕江の後任として宮内省御用掛・東宮侍講となり、晩年にいたるまで大正天皇に近侍して漢学を進講し漢詩を添削した。漢詩文の作者としても高名で、朝士視察団や清国公使館員らとも詩文をもって交流した。東京学士会院会員（一八八五年）、文学博士（一八九九年）などの栄典を授与され、一九一九年（大正八）五月一二日、数え年九〇歳の高齢で没した。

（3）山田準は、本姓は木村氏、幼名は準三郎、字は士表、別号は済斎。備中松山藩士で山田方谷門下の木村豊の三男として、慶應三年一一月二三日（一八六七年一二月一八日）に備中松山城下に出生。三歳の年に父豊を亡くすが、準は高梁の小学校、ついで漢学塾有終館（元藩校）を卒業し、一七歳（一八八三年）で上京して、二松学舎に入塾し三島中洲に学んだ。方谷が興した山田家の存続を望む中洲と旧藩主板倉勝静の意向を受けて、翌一八八四年、方谷の養嗣子知足斎（一八三九～八一）の次女春野を娶って山田家を相続。この時に山田家所蔵の記録を閲覧し、他日の全集編纂を期した（山田方谷全集編纂刊行会由来）。同年九月、東京大学古典講習科漢書課後期に入学。一八八八年七月、卒業。卒業論文は「禹域財政概論」、卒業成績は一六人中三番であった。民法草案の修正作業に多忙な中洲を助けて、二松学舎に漢学を講授し、学舎内に文社を起こし漢文雑誌を編集刊行した。一八九〇年、三島中洲が『方谷遺稿』（文二冊、詩一冊）を刊行した際、準はその校正に従事。一八九三年、古典講習科の先輩深井鑑一郎の推薦により城北中学校に出講。一八九六年、陸軍参謀本部編集補として戦史編纂に従事。一八九九年、古典講習科同期の長尾槙太郎の後任として熊本の第五高等学校の教授となる。一九〇一年、鹿児島の第七高等学校造士館の教授に転出。一九二六年、第七高等学校教授を六〇歳定年により退官。引き続き講師として出講したが、児島献吉郎（古典講習科同期）が京城帝大教授就任によって二松学舎学長を辞したため、昭和二年一月からその後任となり上京。時に二松学舎は渋沢栄一舎長のもとで、専門学校開設に向けて取り組んでおり（一九二八年四月二一日開校）、準はその初代校長となって、一九四三年三月に退任するまで在職した。郷里高梁に帰隠後は、『山田方谷全集』の完成に全力を尽くし、戦後の物資不足のなか一旦は刊行を断念したが、岡山県教育委員会より第二回文化賞を受賞し、一九五一年に刊行をみた。翌年一一月二一日、八六歳で没した。

（4）『中国銀行五十年史』（一九八三年）に、銀行設立の協議内容を報じた中洲の書簡の写真を掲げて、言及されている。

（5）第八十六国立銀行設立に関する三島書簡（堀周平宛て）は六巻の巻子に仕立てられて、高梁市歴史美術館に寄託されている。堀宛書簡に栄一の名がみえるのは、設立協議の内容を伝える明治一〇年一二月二日付の書簡と、第一国立銀行の危急な状況を伝えた明治一二年二月九日付の書簡である。後者では「三菱社ヨリ内々報知」と三菱からの極秘情報であると明言し、「渋沢之事故、此急難ヲ凌キ終セルカモ不知、此節ガ第一ノ生死之境」と記している。

（6）三島桂については、三島復『哲人山田方谷』の復刻（二〇〇五年）に附された三島正明「中洲の三男、三島復」を参照のこと。桂の件を依頼した書簡は、渋沢栄一記念財団所蔵、一八九四年七月三〇日付書簡・同年一〇月五日付書簡。桂は父の人脈（渋沢の他に馬越恭平・野崎武吉郎・田辺為三郎ら）によって、三井物産・味野紡績・第八十六国立銀行・大阪生命保険などに奉職したが長続きしなかった。

（7）『伝記資料』別巻第一 日記（一）、三〇二～三〇三頁。

（8）『青淵修養百話』（一九一五年）坤、「九五　噫尾高藍香翁」。なお、頌徳碑の竣工式は、翌一九〇八年九月に行われている。三島の碑文は、『中洲文稿 第三集』巻二「藍香尾高翁頌徳碑」。

（9）『伝記資料』四一、三九七頁。

（10）平凡社東洋文庫『昔夢会筆記』一九六六年、大久保利謙校訂・解説。三島の参加は、第四～七・九～一一・一三・一五～一七の一一回。

（11）『魚水実録』乾坤（旧高梁藩親睦会、一九一一年）に収録された幕末明治初期の備中松山藩関係の文書・書簡の多くは、一時、板倉家の家令でもあった三島の管理下にあったものであり、三島は単に幕末維新期の体験者であるばかりではなく、資料の保管者でもあった。

（12）『伝記資料』四一、二五五頁。

(13) 二松学舎大学附属図書館所蔵の山田準宛渋沢栄一書簡は、①一九〇七年七月三一日、②同年一〇月一七日、③一九〇八年一月三日、④一九一八年八月九日、⑤一九二六年五月二二日、⑥同年八月八日、⑦昭和某年一二月二八日の七通。正雄のことは、①②③④に見え、二松学舎学長委嘱のことは⑤⑥に見える。書簡の翻刻は『三島中洲と近代　其三』（二〇一五年、二松学舎大学附属図書館）に収録している。

(14) その歯に衣を着せない叙述は、一九一六年の朗廬贈位祝賀会において縁者にあたる穂積陳重に、「余が見ざる朗廬先生」を講演して碑文の記述に対する不満を述べる切っ掛けを作った。

(15) 『中洲文稿　第一集』（一八九八年）巻一上所収「与進督学書」。

(16) 山田方谷宛三島中洲書簡（安政四年閏五月一八日付、高梁市山田家所蔵『方谷先生閲歴巻』）、「実ニ不度力不顧才、身分不相應之大言ニ候へ共、要其帰此学ヲ少シテモ大ニ仕度存念而已。此段御賢察之上宜奉頼上候。五條中モシ不都合之筋モ有之候へバ、御高考ニ随ひ、少々ハ如何様ニモ改メ可申候。シカシ学問進達之邪魔ニ相成申事ナレバ断然固辞仕申候。如此我まゝ申上、実ニ君侯ニ失敬ニ当り申候へ共、一朝委質候後ハ百此身シテモ命ニ従ひ申候道理之モノ故、今之内ハ不顧失禮吐傲言申候。」

(17) 『雨夜譚』巻一において栄一は、道徳的・能力的に自分よりも劣っている代官から痛罵された経験から、賢者は尊敬され不賢者は卑下せられるのが当然であるのに、そうなっていなかったのは幕藩体制の世官の弊害によると論じている。

(18) 宮地正人「一九世紀在村儒者の群―野州藤岡の森鷗村を例として―」（『地域の視座から通史を撃て！』校倉書房、二〇一六年、第一部Ⅷ）が、こうした問題を論じている。

(19) 『学制百年史』（二〇六頁）によれば、「中学私塾」は「私宅において中学の教科を教えるもので教員の免許証をもつ者が行なう場合は中学私塾」と称した。

(20) 『二松学舎舎則』所収。現存する最古の『二松学舎舎則』は、一八七九年六月改正のもので、国立国会図書館所蔵。内容に従って適宜段落を分けて全文を示せば次のとおり。

（第一段）漢学ノ目的タル、己ヲ修メ人ヲ治メ、一世有用ノ人物トナルニ在テ、記誦詞章ノ一儒生トナルニ在ラス。

（第二段）故ニ仁義道徳ヲ以テ基本トナサヽル可ラス。是経書ノ課アル所以ナリ。

（第三段）又古今時勢ノ変遷制度ノ沿革ヲ知リ、変通ノ才ヲ長セサル可ラス。是歴史ノ課アル所以ナリ。

（第四段）然ルニ其学ヲ事業ニ施サント欲スレハ、文章ヲ借テ、之ヲ暢達セサル可ラス。若シ又当時ニ不遇ニシテ事業ニ施ス能ハサルモ、文章ヲ借テ其学フ所ヲ伝ヘ、天下後世ノ用ニ供セサル可ラス。故ニ文章ハ遇不遇ニ関セス、其学ヲ活用スルノ器具ナレハ、必ス之ヲ学ハサル可ラス。是文章ノ課アル所以ニシテ、之ヲ学ヘハ軌範ヲ古今ニ取ラサル可ラス。是諸子又ハ文集ノ課アル所以ナリ。

（第五段）詩ニ至テハ、必用ナラサルカ如シト雖トモ、是亦文章ノ一端ニテ言志ノ用アレハ、其課ヲ廃ス可ラス。於是経史子集、及ヒ詩文ノ諸課備ハリテ、其目的タル、亦唯世間有用ノ人物トナルニアレハ、書ヲ読テ尋常摘句ニ陥ラス、詩文ヲ作テ彫虫篆刻ニ流レサルヲ肝要トス。

（第六段）且漢籍汗牛充棟、右諸課僅々ノ数書ニ尽ルニ非スト雖モ、今也洋学大ニ行レ、其窮理法律技術等ノ精密ニ至テハ、漢学ノ能ク及フ所ニ非ス。苟モ有用ノ学ニ志スモノハ、洋籍モ亦兼学ハサル可ラス。故ニ漢学ノ課ヲ簡易ニシ、洋籍ヲ学フノ余地ヲ留ルノミ。

（第七段）若シ漢学ヲ専業ト為サントスルモノハ、群書渉猟固ヨリ望ム所ニテ、課外質問ノ設ケアル所以ナリ。

（第八段）凡テ本舎ニ入リ学問スルモノハ、此大意ヲ了シ、然ル後順次課業ヲ修メ、一世有用ニ人物タランコトヲ、是希望ス。

(21) 漢学が洋学を吸収する基礎として有効であり、また人間形成の上で有効であるという考え方は三島独自のものではなく、一八八三年の中村正直「古典講習科乙部開設ニ就キ感アリ書シテ生徒ニ示ス」にも見られ、この時期の漢学者に広くみられるものである。

(22) 山田準「追懐談」、『二松学舎六十年史要』一九三七年、二三九頁。

(23) この時に漢学者たちは漢文存続の請願運動を展開したが、二松学舎の細田謙蔵は運動の中心として活動した。『二松学舎大学九十年史』一九六七年、一一三〜一一四頁。

(24) 『井上毅伝　資料編第五』（国学院大學、一九七五年）所収。

(25) 『那珂通世遺書』（大日本図書、一九一五年）所収「文学博士那珂通世君伝」三一〜三三頁。

(26) 『二松学舎大学附属図書館季報』六四号所収の町泉寿郎「三島中洲の手紙（五）」参照。

(27) 一九〇〇年七月に「国語科」、一九〇一年四月に「受験科」を開設し、「師範中学校等ノ国語漢文科検定試験ニ応スルコトヲ得ヘキ学力ヲ養成」することをうたった。『二松学舎大学九十年史』一九六七年、一〇一〜一〇二頁。

(28) 『二松学舎学友会誌』二七号所収「二松義会第八回会報」。

(29) 『二松学舎学友会誌』二八号所収「二松義会第九回会報」。

(30) 『教育時論』一九〇八年一〇月二五日号所収の、第二次桂太郎内閣の施政方針「第九　教育」。

(31) 『二松学舎学友会誌』二七号所収「二松義会第八回会報」。

(32)『伝記資料』二六、四四五～四五三頁。

(33)戊申詔書は、「日進ノ大勢ニ伴ヒ文明ノ恵沢ヲ共ニセムトスル、固ヨリ内国運ノ発展ニ須ツ。戦後日尚浅ク庶政益々更張ヲ要ス。宜ク上下心ヲ一ニシ忠實業ニ服シ勤儉産ヲ治メ、惟レ信惟レ義、醇厚俗ヲ成シ華ヲ去リ實ニ就キ、荒怠相誡メ自彊息マサルヘシ」という勤倹による経済発展を説いた前半部分と、「抑々我カ神聖ナル祖宗ノ遺訓ト我カ光輝アル國史ノ成跡トハ、炳トシテ日星ノ如シ。寔ニ克ク恪守シ淬礪ノ誠ヲ諭サハ、國運發展ノ本近ク斯ニ在リ。朕ハ方今ノ世局ニ處シ、我カ忠良ナル臣民ノ協翼ニ倚藉シテ、維新ノ皇猷ヲ恢弘シ祖宗ノ威徳ヲ對揚セムコトヲ庶幾フ」という皇室への忠誠心を説いた後半部分からなっている。

(34)『二松学舎大学附属図書館季報』六四号・六六号所収の町泉寿郎「三島中洲の手紙（五）・（六）」を参照。

(35)尾立維孝（一八六〇～一九二七）は、豊前国宇佐郡尾立村の庄屋に生まれ、二松学舎を経て、司法省法学校を一八八三年に卒業。各地で判事を勤め、一八九九～一九〇九年には台湾の覆審法院検察官長を勤め、退官後に財団法人二松学舎の理事等を勤めた。渋沢栄一と近く、渋沢の『論語講義』も尾立が三島の『論語講義』を土台に、渋沢のコメントを挿入再編したものであることが知られている。

(36)『三島中洲と近代―其三―』（二松学舎大学附属図書館、二〇一五年）七六～七九頁所収の山田準宛尾立維孝書簡を参照。

(37)帝国議会での漢学振興に関する審議内容や、大東文化学院設立の経緯については、尾花清編『大東文化学院創立過程基本資料』（二〇〇五年）が便利である。

(38)大正末期、小川運平・高橋秀臣らが中洲敬慕の名目のもと「中洲会」を立ち上げて、田中舎身や黒龍会会員ら二松学舎とは関係の薄い人物たちを引き入れて、風紀が紊乱していた。こうした状況を整理する中心となったのが、尾立維孝であった（一九二六年一一月三日付山田準宛池田四郎次郎・尾立維孝書簡、二松学舎大学附属図書館所蔵、『三島中洲と近代―其三―』四九～五〇頁に翻刻所収）。

(39)『二松学舎大学九十年史』一九六七年、二九九頁。

(40)「余の学歴」は、一九〇八年（明治四一）の細論文社における講話で、『中洲講話』（文華堂書店、一九〇九年）所収。

(41)『中洲文稿　第一集』（一八九八年）巻一下所収。

(42)『中洲文稿　第三集』（一九一一年）巻三上所収「方谷年譜序」。「此編雖如詳細無遺、未足以尽先生。譬之游龍在雲霧中、倏而頭尾、忽而爪牙、隠見出没、不能見其神機所由」。なおこの序文は、方谷の学問と行動の本質を「至誠惻怛」の四字で評していることで知られる。

(43) 高梁市山田家所蔵、一九〇五年一月一七日付、山田準宛三島中洲書簡。「攘夷主張之義ハ、平素之持論ニ違ひ、拙老モ疑アリ、世間ニモ疑モノ有之候處、今般御一生之事ヲ前後通貫シ、始テ解了致候様存ジ、一論書置申候」。
(44) 「文武改革還裕財　牛刀只惜割雞来　一言賛美非阿好　君子徳兼英傑才」。
(45) 三島復『哲人山田方谷 附陽明学講話』(一九一〇年、文華堂書店) 二八頁。のち『山田方谷全集』巻三 (一九五一年) 一九六九頁にも所収。
(46) 三島から岡本に宛てた論駁は『中洲文稿 第三集』巻一上 (一九一一年)「答岡本天岳書」。岡本巍が山田準に宛てた書簡 (一九〇五年一〇月一九日付、二松学舎大学附属図書館所蔵) によれば、三島のほかに、春日潜庵・土屋鳳洲からも論駁があった (『三島中洲と近代―其三―』所収)。
(47) 『伝習録』下巻「丁亥年九月、先生起復、征思田、将命行」に始まる条に見える。
(48) 『懐旧録』(一九四三年、春秋社松柏館) 所収「渋沢栄一子と帰一協会及び儒教」。
(49) 『東京学士会院雑誌』八編之五所収。
(50) 三島が「理気」について論じている文献としては、「与南摩羽峰論理気書」「読洗心洞劄記」「書孟子養気章或問図解後」「気生理辯」(『中洲文稿　第三集』一九一一年) 等がある。
(51) 『魚水実録』坤、旧高梁藩親睦会、一九一一年、六九九～七〇〇頁。
(52) 東敬治と陽明学会については、町泉寿郎「東敬治書翰 (山田準宛て) にみる陽明学会の活動」(『陽明学』二〇号、二〇〇八年) も参照されたい。
(53) 東敬治と渋沢の関係については、『伝記資料』二六、二三～二七頁を参照。
(54) 荻生茂博「近代における陽明学研究と石崎東国の大阪陽明学」、『近代・アジア・陽明学』ぺりかん社、二〇〇八年。
(55) 奥宮健之 (一八五七～一九一一) は土佐出身の陽明学者奥宮慥斎 (一八一一～七七) の三男。長兄奥宮正治 (別号南鴻) は陽明全書講読会にも参加し渋沢と交流があった検事であり、渋沢は正治が持参した慥斎の遺著『聖学問要』の刊行を支援したことがある。
(56) 『伝記資料』四一、一六六～一七〇頁。
(57) 『伝記資料』四一、一八九～一九一頁。

第八章　渋沢栄一の儒教活動

――聖堂保存・孔子祭典を中心に――

丁　世絃

一　なぜ儒教に注目するのか

渋沢栄一は日本ではもちろん、東アジアでもよく知られている近代人である。東アジアの中で渋沢に関する評価は様々であるが、渋沢の代表作である『論語と算盤』は多くの言語に翻訳され、研究者だけでなく一般人にも読まれ、好評を得ている。その背景にはもちろんの内容の良さもあるが、タイトルにある『論語』という書物が持っている特別な性格も見逃せない。『論語』は東アジア地域に住む人なら学校でいくつかの文章を学んだなじみのある書物であるため、渋沢の本はそのタイトルからも比較的受け入れやすいものであったと思われる。また論語に代表される儒教文化が、時代を超えて現在も東アジアの共通文化として共感を得ていることも見逃すことができない。

渋沢の一生はまさに『論語』と算盤であって、人生の教科書として論語を選んで、その教えをもとに充実した一生を送った。しかし渋沢に関する従来の研究は「算盤」に該当する実業家としての活動や思想に関するものが多いのに比べ『論語』に相当する儒教活動や思想に関してはさほど注目されていないように見える。そこで本章では渋沢の儒教面の活動と思想を通して彼が望んでいたことをたどってみたい。ここでは渋沢の様々な儒教活動の中で、湯島聖堂における孔子祭典と保存活動を中心に述べていくことにする。

二　孔子祭典会と渋沢栄一

(1) 孔子祭典会の成立

渋沢は孔子に対して格別な尊敬心を持っていたので、聖堂の保存にも関心を持っていた。実際渋沢が湯島聖堂（以下聖堂と表記する）の保存と孔子祭典に関わるようになったのは、聖堂の退廃状況を見てからであった。

聖堂の起源は徳川幕府の儒臣林羅山が、一六三二年（寛永九）冬、上野忍岡の邸内に孔子廟を創建したことに始まる。[1] 林羅山が当時たてた書院は、その後幕府の漢学教育機関である昌平黌となり孔子を祭る釈奠を行なう役割も担っていた。しかし昌平黌は一八七〇年（明治三）休校となってそのまま廃止され、孔子を祭る釈奠は一八六七年（慶応三）八月を最後にしばらく行われなかった。

その後聖堂は文部省の管轄となり、大成殿を博物局観覧場とし、孔子および四聖の像は物産局に移管された。大成殿は博物書籍の保管所になり、その名称も博物館から東京博物館、教育博物館、東京教育博物館と変わった。一八八九年（明治二二）東京教育博物館は高等師範学校の付属となり、大成殿も高等師範学校の所管となった。そして一九〇六年（明治三九）、東京高等師範学校の職員が釈奠の復興に関する意見を出したのがきっかけになり、一九〇七年（明治四〇）、同志の人々が祭典の方法を協議し、規約を定めて評議員を選挙した。これが「孔子祭典会」の発端になった。[2]

渋沢が廃されている聖堂の状態を見たのは「孔子祭典会」の創立以前であって、聖堂の状況を深く憂慮していた。服部宇之吉は「渋沢と聖堂」という文章の中で当時の逸話を以下のように述べている。

渋沢子爵が聖堂の状態を見られて非常に感ぜられ、時の文部大臣に向つて、古来我国朝野の尊崇を受けられ、永く名教の中心であつた孔夫子を崇祀するところの聖堂を、物置同然に取扱ふとは何事であるか、（中略）温厚なる子爵の口から可成り厳しい攻撃が出た。文部大臣は之に対しては何分経費不足の為め、心ならずも御話の如き有様にしてある、就いては子爵の力で民間の有力なる方々を糾合して、何とか維持の工夫をされる様願ひ度いと云はれた。(3)

文部省はその後も特に聖堂を復活させるような動きを見せなかったので、渋沢はそれ以降「聖堂保存会」、「孔子祭典会」、「斯文会」に直接参加した。「聖堂保存会」と「孔子祭典会」における活動を始めたのは一九〇七年ごろであった。「聖堂保存会」(4)は渋沢が組織したものだが、それに関する記事は少なく、渋沢の日記と『竜門雑誌』に何度か言及している程度である。『竜門雑誌』二四一号（一九〇八年六月号）には「保存会」について以下のように記している。

湯島二丁目の旧聖堂は文部省直轄の下にあるも、年一年に荒廃に帰するを以て、青淵先生は痛く之を憂慮せられ、聖堂保存会を組織して永久に之を保存すると共に、夫子の徳化を万世に伝へんとし、其保存方に就き東京市に交渉中なるが、福島甲子三氏の如きは之を公園と為すの議を唱え、夫々協議中なりと云ふ。(5)

この文章によると保存会は聖堂の保存問題を憂慮していた渋沢が組織したもので、聖堂の運営と活用について協議する集まりであったようである。また渋沢が保存会の問題を協議した人物は当時の東京市長尾崎行雄、東京高等師範学校の校長嘉納治五郎、子爵谷干城などであった。(6)保存会に関する内容は一九〇九年の記事が最後であるが、渋沢の活動は聖堂の保存で終わらず「孔子祭典会」で続けられる。

（2）孔子祭典会における孔子祭

「孔子祭典会」（以下「祭典会」と表記する。）は「孔子を崇尚し、我国に於けるその教化を感謝せんが為に祭典を挙行するに在りて、祭典後講演会を開き、或は展覧会を開くこと」を目的とし、役員としては平議員若干名、委員一〇人、地方委員若干名をおいていた。最初の評議員は井上円了、井上哲次郎、伊澤修二、嘉納治五郎、谷干城、三島毅、渋沢栄一など二〇名、委員は市村瓚次郎、安井小太郎など一〇名であった。(7)

「祭典会」主催の第一回の孔子祭は一九〇七年（明治四〇）四月二八日に開かれた。三〇年間廃絶していた孔子祭の復活であった。これ以後、ほぼ毎年四月の第四日曜日に孔子祭が開かれることになった。

『孔子祭典会会報』第一号には、祭典の準備から当日行なわれた式次第までが詳しく記されている。祭典の次第は徳川時代の釈奠に準じるとしたが、祭酒の飲福儀礼は省略された。当日午前七時から祭典の準備が始まり、およそ四〇〇名の会員の出席のもと、午前一一時に儀式が終わった。孔子祭には「祭典会」の通知書を持参した会員以外は参加できなかったが、式後には適切な服装の人であれば午後一時から三時まで参拝を許された。(8) ここで注目すべきことは孔子祭が終わってから公開講演が開かれた点である。式後の公開講演の内容は儒教に関わるものであって、一般人の参加も許された。孔子祭は儒教道徳によって国と社会を教化するための象徴的祭祀であり、祭典後の公開講演会は儒教道徳を一般に教える最もよい機会であったといえよう。

さて、渋沢は第二回孔子祭の講演会で「実業界より見たる孔夫子」という講演を行なった。講演の内容は雑誌『太陽』に掲載されている。渋沢は孔子を「只一身を修めるばかりではない。国家を治めると云ふ見識を有つたに相違いない」と述べて孔子の政治的性格を強調した。

孔子の教即ち道徳が富貴と共に進むやうに成り行くことを御心配なさるやうに希望いたします、而して私は実業家のみに道徳が希望されるかと申したならば、然りとは申されない、私は実業家でございますから他の方面は申しませぬが、若し私が政治家であつたならば、今日の政治界の多数に向つても矢張り此希望を述べたいと思ひます、孟子の言葉の中に「孔子作春秋、乱臣賊子懼」とあつたと思ひますから、何卒吾々の此孔子祭典会挙行の為めに世の不道徳な者、不徳義な者を懼れしむるやうにしたいものと思ふのであります。(9)

ここからもわかるように、渋沢は単なる儒教伝統の復活や孔子に対する尊敬心だけで聖堂保存活動や「祭典会」の評議員に加わったのではなかった。渋沢は孔子を政治家として理解し、さらに孔子の教である道徳は実業家だけでなく社会全体に必要なものであると考えている。急激な西洋化によって起こった当時の様々な問題を克服するためには儒教道徳の継承が必要であるとし、孔子の生涯と孔子の教えをあらためて学び、孔子祭を通して孔子の道が日本にまだ生きていることを明示しようとしたのである。孔子祭の復活はすなわち儒教精神の復活でもあった。

渋沢は第一〇回孔子祭（一九一六年四月二三日）の講演会にも参加した。祭典後、東京帝国大学法科第三二番教室で「実業家の孔子観」というタイトルで講演を行なった。

孔子は学者として世に道を布かうといふよりは、寧ろ自身が周末の天下をして極太平に至らしめたい、道理正しい政を以て政治をして見たいといふのが本願であつたと思ふ、敢へて国君にならうとは思はぬが、自身の智識、自身の才能が用ひられるならばそれを以て支那の天下を治めて見たいといふ理想が抑々本願であつたらうと思ひます、（中略）即ち先王の政を自身の力に依て為す、君子の道を行ひとしか思はれませぬ。通常人の行ふ可きことを論じて居つたと私は論語を解釈します(10)

渋沢はここで、孔子は徳の高い人であるが、他宗教の聖人とは違う平凡な人間であると評価した。したがって孔子が説いた道徳は特別なものではなく、普通の人が学んで身につけることができるものであるというのが渋沢の観点であったと思う。

渋沢がここで述べたのは主に実業家の経済道徳合一論であるが、渋沢は孔子の教えに従って生きていけば望ましい社会になるとの立場から、この教えを広く伝えようとした。

孔子祭は「祭典会」によって続けられたが、同会主催の孔子祭は一九一九年四月二七日の第一三回祭典が最後になる。孔子祭典会は財団法人斯文会に合併され孔子祭を行なう担当機関も「祭典会」から「財団法人斯文会」（以下斯文会）に移されたのである。『斯文六十年史』にはその経緯が以下のように記されている。

> 是より年々四月第四日曜を以て釈奠を挙行することゝなし、大正八年四月二十七日、其の第十三回の祭典を挙行せり。此の時新に斯文会の成立するありて、其の主義目的を同じうするを以て、祭典会を解散して、之を斯文会に合併し、斯文会祭典部となせり。時に大正八年九月十五日なり、孔子祭典会として特筆すべきは四十三年四月二十四日の第四回祭典に、久邇宮邦彦王の台臨ありし事なり。爾後年々皇族の台臨あり、斯文会に合併後に至りても渝ることなし。(11)

孔子祭典会と斯文会の主義・目的が同じであるところから「祭典会」を解散し、一九一九年（大正八）九月一五日、斯文会の祭典部の所轄になったことがわかる。それ以降の孔子祭は「斯文会」が行なった。

三　斯文会と渋沢栄一

（1）斯文会における孔子祭典

「斯文会」は「斯文学会」の理念を継承し維新以降の沈滞していた儒教復興に大きな役割を果たした儒教団体である。斯文会の設立目的は「儒道ヲ主トシテ東亜ノ学術ヲ闡明シ以テ明治天皇之教育ニ関スル趣旨ヲ翼賛シ我ガ国体ノ精華ヲ発揮スル」ことであった。一九一八年（大正七）、「財団法人斯文会」として再出発する際、漢学団体である「研経会」「東亜学術研究会」「漢文学会」を合併し、翌年九月には「孔子祭典会」、一二月には「孔子教会」を合併した。さまざまな儒教関連団体の統合を通して会員の数、資金も増えた。さらに研究活動の面からも雑誌の発行、研究会および講演会を設けて近代的学術団体の態勢を整えた。また「祭典会」の合併によって江戸幕府の孔子祭の伝統も継承することになった。

渋沢が斯文会と関わるようになったのは、二松学舎の三島中洲と関係があると推測される[12]。三島は斯文学会時代から文学担当として参加し、財団法人斯文会になってからは渋沢とともに顧問になった。また渋沢の日記によると渋沢は明治四〇年代から斯文会の前身である斯文学会とも交流があり、一九一二年（明治四五）の六月六日に斯文学会の評議会に参加し、聖堂保存に関して数年前より企図した顛末を述べたと記されている。また一九一八年（大正七）に渋沢は顧問として芳川顕正・清浦奎吾・金子堅太郎・末松謙澄・阪谷芳郎と共に「社団法人斯文学会」拡張の会議に参加した[13]。

「祭典会」合併の一か月前、一九一九年（大正八）七月五日の記事には「是日当会、東京銀行倶楽部ニ於テ、聖堂保存、漢学再興ノ会合ヲ開ク。栄一出席シテ来会者ノ援助ヲ求ム[14]」とある。ここで渋沢が求めた援助はのちに斯文会が行なった事業でもあるので、ここで「援助」というのはおそらく儒教団体の合併後の運営に関する援助ではないかと思われる。

斯文会が孔子祭典会を合併した時、前年既に顧問となっていた渋沢は、両機関の合併にもある程度影響を及ぼしたようである。孔子祭典会は斯文会の祭典部になり、祭祀、聖廟および一切の付属建物、付属物の保管と維持などに関する事項を担当した。

斯文会が主催する最初の孔子祭は一九二〇年（大正九）四月二五日に行なわれた。孔子祭の後、開かれた講演会には渋沢男爵を始め、中国の公使代理、東京帝国大学・早稲田大学・東京高等師範学校などの男女学生が数十人参加した[15]。

ついで一九二一年（大正一〇）四月二四日の第二回孔子祭には朝鮮儒林も参加した。その後中国、朝鮮、台湾の儒学者も参加するようになり、斯文会の孔子祭は東アジア的祭典としての意味を持つようになった。

（2）孔子二千四百年追遠記念祭

「孔子二千四百年追遠記念祭」（以下「記念祭」と表記する）は皇族および政治家、植民地朝鮮と台湾の儒林も参加した東アジア的儒教大会であった。「斯文会」が「祭典会」を合併してから三年後の一九二二年（大正一一）は孔子没後二四〇〇周年に当たる年であって、これをきっかけに儒教復興の企画をしたのである。

記念祭の背景には「漢文科廃止」の問題と儒教を批判する社会の雰囲気もあった。「斯文会」は特に学校における漢文科廃止に反対し、一九一九年（大正八）には『中学校に於ける漢文科について』、大正一〇年には『漢文と中等教育』というタイトルの書物を発行した。

漢文科廃止論は当時の反儒教的雰囲気を端的に見せている。当時、儒教および漢文は日本のものでないので学ぶ必要がないとし、特に漢文を学ぶには時間がかかるという世論が広がっていた。「斯文会」はこの現象に対応しなければならなかった。記念祭と講演会を通して、「斯文会」が目指しているのは明治天皇の教育勅語の伝統を継承することであり、儒教は日本の国民道徳の根底になるもので、中国だけの文化や学問ではないということを大衆に知らせようとしたのである。中等学校生とおよび一般人の聖堂参拝を設けたのもこのような背景とかかわるものであった。

この本格的「記念祭」の準備は一九二二年（大正一一）三月から始まった。毎年四月第四日曜日に行なっていた孔子祭を延期し、一〇月二九日に「孔子二千四百年追遠記念祭」を開催することとした。準備委員は中村久四郎、山口察常、松本洪、高成田忠風、加藤虎之亮であった。

祭典当日、午前七時三〇分ごろ諸役員が湯島聖堂に入場し、賛助員及び会員は同時刻に集まって八時三〇分に聖堂内の式場に着席し、午前九時祭典が始まった。祭典の次第は以下のようである。

一、奏楽　二、迎神式　奏楽　三、奠幣　四、奠饌　奏楽　五、祭主祝文奉読　六、閑院宮、山階宮、賀陽宮殿下御拝　七、朝鮮人奉告文　八、台湾人奉告文　九、舞樂二曲　十、幣饌ヲ撤ス　十一、奏楽　長慶子[16]

付帯行事として先哲遺墨展覧会、記念講演会、中等学校生徒および一般参拝、見学参観、朝鮮・台湾儒林招待宴および役員慰労会があった。記念講演会は全国十数か所で開かれたが、特に祭典当日の講演会は満席になったという[17]。

当日午後五時からは帝国ホテルで宴会が開かれ、そこに朝野の貴顕有力者、祭典名誉賛助員、特別有功賛助員、朝鮮・台湾の儒林等が参加した。斯文会の会長徳川家達を始め、加藤友三郎首相、水野錬太郎内相の祝辞、そして渋沢副会長の演説があった。[18] 渋沢の演説は以下のようである。

世道人心を救ふ点より見て、中正穏健にして特に実行的の長所を有する儒教が、現代に必要なるは誰人も異論なき事であります。（中略）論語の雍也編と記憶して居りまするが、「子貢曰。如有博施於民。而能済衆。何如。可謂仁乎。」とある博く民に施し衆を済ふことが、「仁」か又「聖」である、孔子様の教訓は国家経営の実務に当る方々も謹しみて之を聴くべきものと存じます。[19]

渋沢は孔子の教えを政治と関連づけ見ていた。孔子は政治家であり、その教えは政治の論理であり、道徳であるという考えを持っていた。儒教の長所は人民の心を救う点にあり、儒教道徳は国家経営に用いられる思想であるというのが渋沢の儒教観であったと言えよう。

渋沢は記念講演で「道徳と経済の調和」と題して演説した。そこに次のようにある。

即ち博く民に施し、衆を済ふことに依つて、人類の向上発展に資したのであつて、要するに井上君の言はれた通り、凡庸の大きい人であって、欠点がなく、総ての方面に発達し体と云ひ、楽と云ひ、詩と云ひ、書と云ひ総ての方面に達して居ったやうであります。（中略）総ての方面に完全に達して、以て人類国家の為に、一身を捧げたと云ふことは、自分の一身を神に捧げて、万人の身代りとなつたと云ふ基督に優つたところの大精神でありまして、等しく国民教として仰がなければならぬ所以であります。[20]

ここで渋沢は孔子の教えは全ての方面に完全を達していると評価し、それを国民教とする必要性を述べている。

御台臨の閑院宮殿下

舞楽奉献

図８－１　孔夫子追遠記念祭

出典：『斯文』四編六号、一九二二年、上一頁、下三頁

このような観点は追遠記念祭が終わってから開かれた記念講演の「余の見た孔夫子」でも見ることができる。

孔子の精神を云へば一種の新宗教を開かれたものとも云ひ得ると思はれる。しかしその事業行為の上から云へば孔子は釈迦とか基督とは異なつて居る。要するに孔子は天下の人々を救ひ、社会の幸福を進めるには、実際上善政を施すことが第一の方法と考へられて政治の方面に熱中せられたものである。即ち政治によりて実生活の上から人を安んじ社会を幸福に導かうとせられたのである。釈迦・基督は人の心を治めることを主とし、世の実際を離れて別に宗教を説いた。孔子は全く之に反した方法を取られたのである。[21]

この講演を通して渋沢の孔子観の特徴がわかる。渋沢が残したさまざまな儒教関連の文章はいずれも「政治と儒教」という関心のもとに書かれたもので、渋沢は孔子の教えを学問的に扱ったのではなく、生活上の教訓と見なし、『論語』を使ったのである。渋沢は実際の生活や現実に基づく儒教思想を追求していた。よって、それが生活上によく反映され、実質的に役立つためには何よりも政治と結びつく必要があった。渋沢は政治的に影響力を持ち、民の生活を安定させる思想としての儒教の意義を他の宗教よりも高く評価した。彼が聖堂の保存や孔子祭の復興に力を尽くしたのも現実的発展への信念からであったと思われる。

（3）震災以降の斯文会と渋沢栄一

「孔子二千四百年追遠記念祭」は盛況のうちに終わったが、翌年、一九二三年（大正一二）九月の大震災で聖堂は焼失した。斯文会の事務所も被害を受け、本館や土蔵、付属建物および書籍・書類・器具なども全て消失してしまった。損害額は一万六三二〇円にのぼった。

渋沢は一万円を寄付し、聖堂の復興のために再び動き始めた。震災後の渋沢の活動について服部宇之吉は以下のように述べている。

聖堂は焼けた、然し人の力で建てたものであるから、人の力で回復出来ない事はない。須らく衆力を合わせて聖堂を復興すべしと云ふ考へが子爵に起つたのは、当然の事であると思ふ。斯文会副会長として徳川会長及び其他に謀られて、差向き孔夫子の祭典を一年でも廃する事のないやうにと云ふので、仮聖堂を作つて之を政府に献納し、而して斯文会が其保管の委託を受けることに取計はれた。(22)

聖堂が震災によって焼失したにもかかわらず、祭典を一年も廃する事ができないという強い意志を持ったのは、孔子を祭ることが儒教の宣揚にとっていかに大きな意味を持つのかをよく知っていたからであろう。

福島甲子三は「斯文会の使命と現状——青淵先生と湯島聖堂の復興」という文章で渋沢の首唱によって創立された「孔子祭典会」の話は震災以後の渋沢の援助について述懐した。

此の復興に就いては、容易ならぬ資金を要するので、先以て聖像を安置すべき奥殿だけでも建造してはどうかといふ議が起つて、不肖私から青淵先生に申し上げたところ、遂にそれに要する費用だけは自分が負担してよいといふ御意志をお洩らしになり、莫大な金額（金五万円）を御寄附なされたのである。その後この奥殿を別に造るといふことは沙汰止みとなつたが、この莫大な御寄附が根となり種となつて諸方面からの醵金を誘ふやうになつたのである。(23)

こうして斯文会の第五回孔子祭は震災の翌年四月二七日仮聖堂で行なわれた。斯文会は聖堂復興の基金募集を始めた。募集の方案を議論したが、まず国民に寄付を募って行なうことを決めた。[24]一九二六年（大正五）五月二八日には聖堂復興期成会の創立総会が組織され復興活動を行なったが、莫大な資金が必要な工事であったため時間がかかり、一九三五年（昭和一〇）に落成式が行なわれた。渋沢没後四年、震災からはおよそ一二年後のことであった。

四　渋沢栄一の儒教精神

以上、渋沢の聖堂における活動を考察してきた。渋沢は廃されている聖堂を復興するため「聖堂保存会」を組織し、孔子祭を復活させた「孔子祭典会」では評議員として参加した。また「斯文会」の顧問、副会長を歴任し、孔子祭の保存と発展、震災以降の聖堂復活にも大きな役割を果たした。

渋沢が聖堂の保存と孔子祭を重視したのは単なる儒教伝統の継承だけではなかったと思われる。道徳経済合一という特色のある思想を唱えた渋沢は『論語』の精神をもとにする実業家であったが、実際の生活に影響のない儒教思想には疑問を持っていた。渋沢が一八七三年（明治六）官を辞める時、玉乃世履に述べた言葉からそれを見ることができる。

世の漢学者は口を開けば則ち仁義を唱へ、忠孝を説けとも、是れ紙上の文字論、机上の架空説のみ、仁義も忠孝も之を実事に当て箝め、実際に体現せしめざれは何の益かあらん（中略）西洋に発明せられ工夫せられたる学術を取り、人民の実生活に応用し、仁は即ち此事実に当り義は即ち事柄に適すると指摘して、仁義の活作用

を実際に示現するこそ直正学者の本分なるべけれ(25)

渋沢は人民の実生活に資する何かをするのが学者の本分であると述べている。渋沢の儒教思想の第一の特色は、実用性を求めたことである。空理空論を排し、社会に及ぼす影響・思想としての実用性を最も重視したのである。渋沢の道徳経済合一説は自身の経験によるものであった。みずから孔子の教えを生活の中で実践し、現実的教えであることを信じるようになったのである。

渋沢の儒教思想の第二の特色は儒教を政治論として理解したことである。渋沢は多くの講演や文章の中で孔子を政治家として表現し、儒教を政治的理論として評価した。儒教道徳は人民を救うための思想であると考え、物質文明や急激な西洋文化の拡散のような当時の思想問題を解決するため儒教精神の復活を望んでいた。『青淵回顧録』には「思想問題と教育の改善」という文章がある。以下はその一部である。

今日一部の間に漢学復興の声が盛んになって来た様である。欧米の文化が非常な勢ひを以て日本に侵入して居る今日に於いて、漢学の復興を説くは時代錯誤なるかの如く反対する人達もあるし、殊に識者間にさへも漢学の不必要を唱へる人があるが、私の考へを以てすれば、我国道徳の根柢たり、国民教育の真髄たるべきものは、矢張り東洋文化の精粋たる漢学を措いて他にないと信ずる。（中略）世界の聖人たり哲人たりと目せらるゝ東洋の大知識、孔子及び孟子の学説教訓を土台として徳育を行ふことが、東洋人たる我が日本民族にとりて最も相応しい事であると信ずる。(26)

渋沢はここで、漢学の復興、つまり孔子・孟子の学説教訓を土台として徳育を行なうことが日本民族にとって最もふさわしいという。社会変動による思想の問題、混乱を解決するために渋沢が重視したのが漢学の育成、儒教精神に基づく国民教育であった。聖堂の保存と孔子祭の復活に力を尽くし、斯文会の副会長になったこと、また漢学専門学校である二松学舎の舎長になったのもこのような信念の実践であったといえよう。

渋沢の儒教思想の第三の特色は儒教に対する宗教に近い信念である。儒教を「国民教として仰がなければならぬ所以であります」と評価したことや「孔子の精神を云へば一種の新宗教を開かれたものとも言ひ得ると思はれる」という語は宗教に近いものとして信奉していたことを表している。渋沢が儒教を真の宗教として信じたとは思はないが、それに類似する信念はあったように見える。

「実業家の孔子観」という講演の内容からもそれを見ることができる。講演の終わりに渋沢は、世界日曜学校大会を日本で開催するためアメリカのピッツバーグを訪問し、ハインツとワナメーカに会ったことを述べた。渋沢は東洋哲学者、二人は宗教家という立場で話し合ったが、ワナメーカは宗教の主義と孔子の道徳説は帰すところが一致していると指摘するとともに、孔子の学説はほとんど死んだも同然だからキリスト教を信じることを薦めた。それに対して渋沢は次のように述べた。

若し孔子が日本に生まれた人ならば私は弁解するのであるが、孔子は支那の人に違ひない、支那の現在は論語と同じに見ることが出来能はざるのでありますから、此弁解に実は窮して、ワナメーカに黙して答へずで別れて帰つて来ましたが、私は孔子の教はまだ死んだと思はれぬ、縦し死んだか知らぬが、支那では死んでも、日本では之を蘇がへらせなければならぬどうかお力を添へて貰ひたいと思ふのであります。(27)

渋沢の儒教に対する信念は国家や人種、また思想として攻撃を受けていた当時の状況を超えるものであった。孔子の教えは東アジアの優れた文化であり、それを守るという信念を持っていたといえる。儒教の母国である中国でそれができないなら、日本で儒教を蘇えらせるという渋沢の信念は実際その力を発揮し、聖堂の保存、孔子祭の復活に相当の影響を及ぼした。さらに渋沢が副会長として参加していた「斯文会」は、「孔子祭典会」の孔子祭を継承して、孔子祭を通した東アジア儒教交流の場として発展させたのである。

渋沢は儒教への信念に基づいて活動したが、特に聖堂の保存には特別な関心を払っていた。聖堂は孔子を祭る場であり、孔子祭には孔子に対する尊敬と感謝、その教えが定着した日本の儒教伝統を象徴する場所であった。物質文明も確かに大事なものであるが、思想がないとそれは成立しえないところから、渋沢は正しい精神文化の定着を儒教思想に求めたのである。渋沢の聖堂・孔子祭に対する尊崇の念は儒教思想の継承、のみならず、近代日本精神の確立につながるものであった。渋沢が近代日本の儒教界において残した貢献は儀礼、学術、東アジア的交流の面からも再評価する必要があると思われる。

註

(1) 鈴木三八男偏『聖堂物語』(斯文会、一九九九年)一頁。以下聖堂の歴史は『聖堂物語』を参考した。
(2) 渋沢青淵記念財団竜門社編纂『渋沢栄一伝記資料』第二六巻(渋沢栄一伝記資料刊行会、一九六二年)六頁。
(3) 高橋重治、小貫修一郎『青淵回顧録下』(青淵回顧録刊行会、一九二七年)一二三八頁。
(4) 『渋沢栄一伝記資料』にも聖堂保存会についいては他の資料がなくその詳細は不明であると記されている。以下保存会とする。
(5) 渋沢青淵記念財団竜門社編纂『渋沢栄一伝記資料』第四一巻(渋沢栄一伝記資料刊行会、一九六二年)五頁。
(6) 一九〇七年(明治四〇)二月三日の渋沢栄一の日記には当時の東京高等師範学校の校長であった嘉納治五郎と子爵谷干城を訪問し、「聖廟保存会」のことを相談した記録が見える。同年一〇月一七日にも嘉納治五郎を訪問し聖堂保存会のことを相談した。
(7) 斯文会編『斯文六十年史』(斯文会、一九二九年)三〇五頁。
(8) 孔子祭を行なう大成殿付近には講演会を行なう適当の会場がなかったので、第一回祭典会の後、午後一時から東京高等商業学校の講堂で講演会を開いた。
(9) 渋沢青淵記念財団竜門社編纂『渋沢栄一伝記資料』第二六巻（渋沢栄一伝記資料刊行会、一九六二年）一八頁。
(10) 渋沢青淵記念財団竜門社編纂『渋沢栄一伝記資料』第四一巻（渋沢栄一伝記資料刊行会、一九六二年）九頁。
(11) 渋沢青淵記念財団竜門社編纂『渋沢栄一伝記資料』第四一巻（渋沢栄一伝記資料刊行会、一九六二年）一四頁。
(12) 二人は孔子祭典会で評議員を歴任した。また渋沢は一九一〇年（明治四三）二松学舎の顧問、一九一九年（大正八）には舎長になった。
(13) 前出一五頁。
(14) 渋沢青淵記念財団竜門社編纂『渋沢栄一伝記資料』第四一巻（渋沢栄一伝記資料刊行会、一九六二年）三五頁。
(15) 渋沢青淵記念財団竜門社編纂『渋沢栄一伝記資料』第四一巻（渋沢栄一伝記資料刊行会、一九六二年）三六頁。
(16) 斯文會（『斯文』四編六号、一九二二年）二九〜三〇頁。
(17) 斯文會（『斯文』四編六号、一九二二年）三六〜四七頁。
(18) 前出。
(19) 渋沢青淵記念財団竜門社編纂『渋沢栄一伝記資料伝記』第四一巻（渋沢栄一伝記資料刊行会、一九六二年）四一巻　四六頁。
(20) 前出四九頁。
(21) 前出五一頁。
(22) 服部宇之吉「渋沢子爵と聖堂」（『青淵回顧録下』、小林印刷所、一九二七年）一二四一頁。
(23) 渋沢青淵記念財団竜門社編纂（『渋沢栄一伝記資料伝記』第四一巻、一九六二年）九八頁。
(24) 服部宇之吉「渋沢子爵と聖堂」（『青淵回顧録下』、小林印刷所、一九二七年）一二四二頁。
(25) 渋沢二松学舎長代理　尾立維孝「来賓に対する挨拶」（『二松学報』一号、一九二〇年）一九頁。
(26) 「思想問題と教育の改善」（『青淵回顧録下』、青淵回顧録刊行会、一九二七年）一一〇五〜一一〇六頁。
(27) 渋沢青淵記念財団竜門社編纂『渋沢栄一伝記資料伝記』第四一巻（渋沢栄一伝記資料刊行会、一九六二年）四九頁。

人名索引

か　行

さ　行

は　行

ま　行

や　行

ら　行

わ　行

アルファベット

事項索引

あ　行

か　行

さ　行

た　行

な　行

は　行

ま 行

や 行

ら 行

わ 行

朴　　暎美（ぱく・よんみ）　第四章
1968年　生まれ。
2006年　檀国大学校漢文学科博士課程修了 。博士（文学）。
現　在　成均館大学校東アジア学術院研究教授。
著　作　『日帝強占初期漢学知識人の対日認識と文明観』（博士論），
「日帝強占期在朝日本人の漢文学研究成果と意義」，2012年。

見城　悌治（けんじょう・ていじ）　第五章
責任編集者紹介欄参照。

任　　夢渓（にん・むけい）　第六章
1989年　生まれ。
現　在　関西大学大学院東アジア文化研究科（文化交渉学専攻）博士課程後期課程三年生。
著　作　「『礼記』における女性観——儒教的女子教育の起点」『文化交渉』第４号，関西大学大学院東アジア文化研究科，2015年。
「幕末明治における女子教育思想の転換について——西村茂樹，福沢諭吉，森有礼の教育理念を中心に」『東アジア文化交渉研究』第９号，関西大学大学院東アジア文化研究科，2016年。

丁　　世絃（ちょん・せひょん）　第八章
1980年　生まれ。
現　在　関西大学大学院東アジア文化研究科（文化交渉学）博士課程後期課程。
著　作　「日本植民地期韓国経学院の釈奠祭について」
『東アジア文化交渉学研究』第６号，2013年。

執筆者紹介（執筆順，＊は編者）

＊町　泉寿郎（まち・せんじゅろう）　はしがき，序章，第七章
編著者紹介欄参照。

木村　昌人（きむら・まさと）　序章
1952年　生まれ。
1989年　慶應義塾大学大学院法学研究科（政治学専攻）博士課程修了。法学博士。
現　在　公益財団法人渋沢栄一記念財団　主幹（研究）。
著　作　『日米民間経済外交1905～1911』慶應通信，1989年。
Tumultuous Decade: Empire, Society, and Diplomacy in 1930s Japan, edited by Masato Kimura and Tosh Minohara, University of Toronto Press, 2012.

濱野靖一郎（はまの・せいいちろう）　第一章
1977年　生まれ。
2012年　法政大学大学院政治学研究科政治学専攻博士後期課程修了。博士（政治学）。
現　在　日本学術振興会特別研究員 PD。
著　作　『頼山陽の思想　日本における政治学の誕生』東京大学出版会，2012年。
『海を渡る史書　東アジアの「通鑑」』アジア遊学198，金時徳との共編，勉誠出版，2016年。

桐原　健真（きりはら・けんしん）　第二章
1975年　生まれ。
2004年　東北大学大学院文学研究科博士課程後期修了。博士（文学）。
現　在　金城学院大学文学部教授。
著　作　『吉田松陰の思想と行動——幕末日本における自他認識の転回』東北大学出版会，2009年。
『吉田松陰——「日本」を発見した思想家』ちくま新書，2014年。

于　　臣（う・しん）　第三章
1974年　生まれ。
2006年　東京大学大学院教育学研究科総合教育科学専攻博士課程修了。博士（教育学）。
現　在　横浜国立大学国際戦略推進機構准教授。
著　作　『渋沢栄一と＜義利＞思想——近代東アジアの実業と教育』ぺりかん社，2008年。
『渋沢栄一と中国——1914年の中国訪問』抄訳，不二出版，2016年。

責任編集者紹介

見城　悌治（けんじょう・ていじ）

1961年　生まれ。

1990年　立命館大学大学院博士後期課程単位取得退学。博士（文学）。

現　在　千葉大学国際教養学部准教授。

著　作　『渋沢栄一――「道徳」と経済のあいだ』日本経済評論社，2008年。

『近代の千葉と中国留学生たち』千葉日報社，2009年。

『近代東アジアの経済倫理とその実践――渋沢栄一と張謇を中心に』共編，日本経済評論社，2009年。

『近代報徳思想と日本社会』ぺりかん社，2009年。

『日華学報（復刻版）』共編，ゆまに書房，2013年。

「渋沢栄一」趙・安田編『講座　東アジアの知識人　2』有志舎，2013年。ほか論文多数。

飯森　明子（いいもり・あきこ）

1957年　生まれ。
2000年　常磐大学大学院人間科学研究科博士後期課程修了。博士（人間科学）。
現　在　常磐大学国際学部非常勤講師。
著　作　『関東大震災と日本外交』共著，草思社，1999年。
『太平洋問題調査会とその時代』共著，春風社，2010年。
日米協会編，五百旗頭真他監修『もう一つの日米交流史　日米協会資料で読む20世紀』第1章1917-1931，第2章1931-1941　簑原俊洋と共同担当，中央公論新社，2012年。

井上　潤（いのうえ・じゅん）

1959年　生まれ。

1984年　明治大学文学部史学地理学科日本史学専攻卒業。

現　在　公益財団法人渋沢栄一記念財団事業部長・渋沢史料館館長。他に企業史料協議会監事，国際常民文化研究機構（神奈川大学）運営委員，（公財）北区文化振興財団評議員，（公財）埼玉学生誘掖会評議員等を兼任。

著　作　『渋沢栄一――近代日本社会の創造者』山川出版社，2012年。

『村落生活の史的研究』共著，八木書店，1994。

『新時代の創造　公益の追求者・渋沢栄一』共著，山川出版社，1999年。

『地域開発と村落景観の歴史的展開――多摩川中流域を中心に』共著，思文閣出版，2011年。

『記憶と記録のなかの渋沢栄一』共著，法政大学出版局，2014年。

『渋沢栄一記念財団の挑戦』共著，不二出版，2015年。

『渋沢栄一に学ぶ「論語と算盤」の経営』共著，同友館，2016年。

《編著者紹介》

町　泉寿郎（まち・せんじゅろう）

1969年　生まれ。
1999年　二松学舎大学大学院文学研究科博士後期課程単位取得退学。博士（文学）。
現　在　二松学舎大学文学部教授。
著　作　『三島中洲の学芸とその生涯』共著，雄山閣出版，1999年。
『近代日中関係史人名辞典』共編，東京堂出版，2010年。
『清原宣賢漢籍抄翻印叢刊　1　大学聴塵』監修，汲古書院，2011年。
『シーボルト日本書籍コレクション現存書目録と研究』共著，勉誠出版，2014年。
『曲直瀬道三と近世日本医療社会』共著，武田科学振興財団杏雨書屋，2015年。

渋沢栄一と「フィランソロピー」①
渋沢栄一は漢学とどう関わったか
――「論語と算盤」が出会う東アジアの近代――

2017年２月10日　初版第１刷発行　〈検印省略〉

定価はカバーに
表示しています

編著者　町　泉寿郎
発行者　杉田啓三
印刷者　藤森英夫

発行所　株式会社　ミネルヴァ書房
607-8494　京都市山科区日ノ岡堤谷町１
電話代表　(075)581-5191
振替口座　01020-0-8076

亜細亜印刷

ISBN978-4-623-07778-6
Printed in Japan